T0194612

Easy entscheiden

Christine Flaßbeck

Easy entscheiden

Ratgeber für den Entscheidungsboost

 Springer

Christine Flaßbeck
Hamburg, Deutschland

ISBN 978-3-662-63510-0   ISBN 978-3-662-63511-7   (eBook)
https://doi.org/10.1007/978-3-662-63511-7

Die Deutsche Nationalbibliothek verzeichnet diese Publikation in der Deutschen Nationalbibliografie; detaillierte bibliografische Daten sind im Internet über http://dnb.d-nb.de abrufbar.

Planung/Lektorat: Marion Kraemer
Springer ist ein Imprint der eingetragenen Gesellschaft Springer-Verlag GmbH, DE und ist ein Teil von Springer Nature.
Die Anschrift der Gesellschaft ist: Heidelberger Platz 3, 14197 Berlin, Germany

Für die beste Entscheidung meines Lebens

Vorwort

Easy Entscheiden basiert auf wissenschaftlichen Erkenntnissen aus der Psychologie und einer langen Trainings- und Beratungserfahrung mit Menschen, die irgendeine Art von Entscheidung zu treffen hatten. Die Theorie hinter den Entscheidungsprozessen zu erläutern kann allein schon hilfreich sein, um Alternativen im Vorgehen oder Muster aufzuzeigen. Doch oftmals sind es selbst gemachte Erfahrungen, die Menschen dazu bewegen, umzudenken und ihre Verhaltensmuster zu ändern. Dazu müssen sie keine komplexen Modelle kennen und verstehen – sondern es einfach tun. In diesem Buch finden Sie einige solcher Entscheidungssituationen, die Sie zum Durchspielen einladen.

Die Inhalte dieser Seiten beziehen sich zum Teil auf (international) anerkannte Lehrende der Entscheidungsforschung sowie auf Praktizierende im Anwendungskontext der Entscheidungsfindung. Es wird an den entsprechenden Stellen daher auf die eine oder andere

Quelle verwiesen. Mit *Easy Entscheiden* soll allerdings kein weiteres wissenschaftliches Werk entstehen, sondern vielmehr ein smartes und praxistaugliches Handbuch.

Worum es hier daher nicht geht: Sie erhalten keinen allumfassenden Überblick über die Forschungslandschaft der Entscheidungsfindung. Ebenfalls werden Sie wenig bis nichts über die vielen Entscheidungsfallen oder Urteilsfehler lesen, denen das menschliche Gehirn manchmal erliegt und zum Beispiel zu Spontankäufen oder Fehlentscheidungen verleitet. Dazu empfehle ich die Lektüre entsprechender Fachartikel und -bücher.

Sie werden hingegen erfahren, warum es einigen Menschen manchmal schwerfällt sich zu entscheiden – und was helfen kann, wenn diese Entscheidungsprobleme Zeit rauben, einen lähmen oder anderweitig das Leben beeinträchtigen. Das Buch soll Mut machen und vielfältige Impulse und Anleitungen geben, wie man sich leichter entscheiden kann. Eine meiner Maximen ist es: Setzen Sie Ihre Pläne in die Tat um – ohne dabei im Denken und wieder Umdenken oder gar Zweifeln und Zögern steckenzubleiben. Gewiss passiert das einem jeden von uns mal. Doch wir sollten uns in erster Linie trauen, freier und souveräner den eigenen Weg einzuschlagen. Dazu gehört eben auch, Entscheidungen zu fällen und voranzuschreiten.

Mit diesem Buch möchte ich die wichtigen Faktoren der Entscheidungsfindung aufzeigen: für Ihre persönliche Entscheidungsfindung, aber auch dafür, wenn Sie andere Menschen in ihren Entscheidungsprozessen unterstützen. Weil das allein nur die halbe Miete ist, finden Sie in diesem Buch neben einigen Erklärungen auch immer wieder Beispiele und Anregungen zur praktischen Umsetzung.

Der Aufbau dieses Buches ähnelt einem Coaching- oder Trainingsprozess: Wir beginnen mit den Grundlagen des Entscheidens, um eine gemeinsame Basis zu haben; gehen über zu den Problemen, weiter zum gewünschten Ziel und dann zu den Möglichkeiten, mit denen sich dieses Ziel erreichen lässt.

Ganz wichtig: Bevor Sie nun weiterlesen, entscheiden Sie, ob Sie dieses Buch bloß lesen oder etwas mit dem Wissen unternehmen und wirklich etwas ändern wollen! Gewohnheiten ändern sich nicht allein durchs Wissen um sie, sondern indem wir in kleinen Schritten und kontinuierlich unser Verhalten ändern. Fangen Sie noch heute an, Ihre Entscheidungsmuster mit neuen zu überschreiben!

Christine Flaßbeck

Inhaltsverzeichnis

1

Basics der Entscheidungsfindung

Warum eigentlich ist das Entscheiden für einige Menschen eher Last statt Lust? Sind wir nicht privilegiert, dass wir so viele Entscheidungen treffen dürfen? Was hemmt den Menschen in seiner Freiheit zu wählen? Erfahren Sie in diesem Kapitel, welche Sichtweisen zu einer positiven oder negativen Einstellung gegenüber Entscheidungen führen, was unter Bauch- und Kopfentscheidungen verstanden wird und welche Elemente im Entscheidungsprozess eine Rolle spielen. Allein das Wissen um die Mechanismen und die Einflussfaktoren beim Entscheiden hilft zu verstehen, warum Entscheidungsfindung hochkomplex und vor allem individuell sehr unterschiedlich sein kann.

© Der/die Autor(en), exklusiv lizenziert durch Springer-Verlag GmbH, DE, ein Teil von Springer Nature 2021
C. Flaßbeck, *Easy entscheiden,*
https://doi.org/10.1007/978-3-662-63511-7_1

1.1   Von der Last zur Lust

Des einen Freud ist des anderen Leid heißt es. So verhält es sich auch mit dem Entscheiden. Einige Menschen streben das Entscheiden stark an, wie z. B. machtorientierte Personen, die das im Beruflichen vielleicht als Führungskraft ausleben, oder diejenigen, die ihre Entscheidungsfreude verstärkt nur im privaten Bereich zeigen. Andere Menschen wiederum versuchen weitgehend entscheidungsfrei durchs Leben zu kommen und sind froh oder es einfach gewohnt, dass Dritte diese *Bürde* für sie auf sich nehmen. Menschen sind in Bezug auf das Entscheiden schon einmal prinzipiell grundlegend individuell verschieden eingestellt. Weder diese oder jene bisherige Vorgehensweise im Leben bedeutet jedoch, dass sich hier nichts ändern könnte. So mag zwar bei einigen eine naturgegebene oder erziehungsbedingte Entscheidungsfreude vorliegen, bei anderen eine Form von Aversion – doch sowohl bei einem Zuviel als auch einem Zuwenig an (konstruktivem) Entscheidungsverhalten lassen sich durch Reflexion und Übung Veränderungen bewirken. Unser Augenmerk liegt hier auf denjenigen, die das Entscheiden tendenziell scheuen, vermeiden oder sich damit schwertun.

Vereinfacht können wir folgende Regeln festhalten:

- Wer entscheidet, der kann selbst definieren und (mit) bestimmen, wie sich die Dinge oder das eigene Leben gestalten.
- Wer nicht selbst entscheidet, kann auch nichts definieren oder bestimmen, sondern hat allerhöchstens mal Glück, dass es genehm läuft – oder hat den eigenen Willen bereits aufgegeben.

Es ist offensichtlich, warum es sich also lohnen könnte, eigenständig Entscheidungen zu treffen. Wer die Wahlfreiheit hat und selbst entscheiden darf, ergo so privilegiert ist und im Leben wählen kann, der hat Glück und die Chance auf Selbstbestimmtheit. Viele Menschen besitzen dieses Privileg nicht und müssen sich mit argen Einschränkungen in ihrem Leben abfinden – sie können überhaupt nicht frei entscheiden und ihnen stellt sich dieses Luxusproblem gar nicht. Doch warum nehmen Menschen, die entscheiden dürfen, ihre Optionen nicht wahr oder empfinden sie als Bürde? Wieso nutzen Menschen die ihnen gegebenen Chancen nicht? Weshalb tun sich einige so schwer, zu einer Entscheidung zu gelangen?

Diese Antwort steht auf der Kehrseite der Medaille des Entscheidens (Abb. 1.1): Es ist die Verantwortung für das eigene Tun und das Leben zu übernehmen, die Menschen davon abhalten kann, sich zu entscheiden (Stavemann, 2010). Mit der Verantwortung einher gehen natürlich auch weitere Gründe, die mit Unsicherheit, Angst, Perfektion usw. zusammenhängen können und auf die wir in anderen Kapiteln näher eingehen werden.

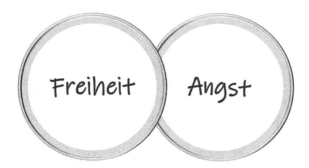

Abb. 1.1 Die zwei Seiten der Entscheidungsmedaille. (Quelle: Eigene Darstellung)

- Wer selbst entscheidet, hat die Freiheit zur Selbstbestimmung – aber trägt in der Regel auch die Verantwortung für die Konsequenzen der eigenen Entscheidung.
- Wer nicht selbst entscheidet, trägt keine Verantwortung und verortet diese entsprechend bei denjenigen, die entschieden haben.

Keine Entscheidung zu treffen und somit auch keine Verantwortung zu tragen, kann entspannend sein. Sollte aufgrund der Entscheidung anderer etwas schief gegangen sein, so kann die Schuld gut bei denjenigen gesucht werden, die entschieden haben. „Du hast doch gewollt, dass wir einen Wanderurlaub in den Bergen machen. Jetzt regnet es nonstop und ich bin erkältet!"

Schuld wird ja gerne dann gesucht, wenn etwas schief gegangen ist. Das kennen die meisten wahrscheinlich aus dem beruflichen Kontext oder überall da, wo Wettbewerb, die beste Lösung oder Gewinnen anstehen. Läuft alles gut, wird selten nach einem „Schuldigen" gesucht – oder wie oft haben Sie schon einen Chef brüllen gehört: „Wer war das? Das war ja genial, echt saugut! Wo ist der Schuldige?" Daher darf uns das auch nicht wundern, wenn das Entscheiden, einmal so gelernt wie hier skizziert, bei einigen Menschen eher mit Angst besetzt ist.

Solche und andere Entscheidungsfälle beschäftigen Menschen im Grunde tagtäglich. Laufend haben Menschen eine Vielzahl an Entscheidungen zu treffen. Viele davon werden oft ganz nebenbei gefällt. Und mit einigen anderen wiederum tun sich Menschen unsagbar schwer.

Dabei geht es beispielsweise um Fragen wie *Soll ich das Jobangebot annehmen? Für welches Shampoo soll ich mich entscheiden? Wohin fahren wir in den Sommerurlaub? Will ich wirklich mit ihm oder ihr zusammenziehen?*

Einige Menschen haben nie gelernt, sich eigenständig für oder gegen etwas zu entscheiden, weil man sie nicht gelassen hat oder weil sie es nicht mussten und andere ihnen die „Arbeit" abgenommen haben. In anderen steckt ein hoher Grad an Perfektionismus, der es ihnen verwehrt, sich einfach und unbefangen entscheiden zu können – denn es könnte ja falsch oder nicht die bestmögliche Lösung sein.

Doch der Mensch, der die Wahl hat und eigene Entscheidungen treffen kann, möge dies auch mit Freude und Leichtigkeit tun. Wie schon erwähnt, sind einige Menschen überhaupt nicht in der Situation, etwas entscheiden zu können, weil die Umstände oder andere Menschen es ihnen verwehren. Doch ich glaube stark daran, dass feste innere Überzeugungen Berge versetzen können und Sie sich proaktiv für etwas entscheiden und sich in die Richtung Ihrer Wünsche und Ziele bewegen können. Selbst, wenn Sie Ihre Umstände nicht beliebig ändern können, so in jedem Fall aber noch Ihre Gedanken und Einstellungen, die Ihnen gehören. Und gerade weil einige Menschen wenige bis keine Optionen haben, möchte ich diejenigen ermutigen, die in der komfortablen Situation sind, selbst entscheiden zu können, es auch zu tun. Wie so oft steht der Mensch sich meist selbst im Weg.

Lernen Sie die Methoden kennen, um Ihre Entscheidungen leichter und besser zu fällen. Was heißt leichter und besser? Einerseits, dass Sie *überhaupt* zu einer Entscheidung kommen – und somit etwas verändern anstatt auf der Stelle zu treten. Andererseits, dass Sie *schneller* entscheiden als zuvor. Und letztlich ist es auch qualitativ gemeint: Die Güte Ihrer Entscheidungen kann sich *verbessern*, wenn Sie auf bestimmte Signale achten.

Vielleicht werden Sie bei einigen Punkten Widerstand verspüren. Doch lassen Sie sich dadurch nicht beirren: Unser Gehirn möchte uns natürlich schonen und Ihnen das Leben leicht machen. Dazu gehört es gehirngemäß Routinen aufrecht zu erhalten. Wie sagte ein Psychotherapeut mal zu mir? „Es stimmt nicht alles, was unser Gehirn denkt." Denn er würde auch hier und da mal denken, dass er mit der Kollegin oder dem Kollegen ins Bett gehen könnte – doch das hieße nun ja noch nicht, dass das auch wirklich sein Wunsch wäre, er schwul sei oder untreu werden wolle. Ihr Gehirn denkt sich seine Welt zusammen und sendet Ihnen Botschaften, die Sie durchaus hinterfragen dürfen. Vielleicht hilft es Ihnen, Ihren Denkapparat zuweilen losgelöst von Ihnen selbst zu betrachten und mit einem kritischen Blick und Abstand in den Dialog mit ihm zu treten.

Die Routine, die es in Bezug auf Entscheidungsfindungen zu durchbrechen gilt, ist Ihr Denkmuster dazu. Sie haben über die Jahre bestimmte Einstellungen zum Thema *Entscheidungen treffen* aufgebaut. Sie haben von Ihren Erziehungsberechtigten, Lehrenden, in Organisationen, Vereinen, dem Freundeskreis und durch Normen bestimmte Vorgaben oder Muster mitbekommen, wie Sie sich zu verhalten haben. Und die Frage an diejenigen, die sich mit dem Entscheiden schwertun, lautet nun: Wollen Sie endlich damit aufhören, diese alten Muster zu bedienen und die Synapsen zu füttern? Wollen Sie endlich Ihre Freiheit nutzen und lernen, Ihr Leben so zu gestalten, wie Sie es gerne hätten?

Dann gehen Sie folgende Reflexionsaufgabe doch einmal für sich durch, um Ihr eigenes Ausmaß an Entscheidungslust zu betrachten. Dieser Blick auf das eigene Denken und Handeln in Bezug auf Entscheidungen kann dabei helfen, typische Muster zu entdecken und die Wunde zu finden, in den Sie Ihren Finger legen sollten. Wenn Sie mögen, schreiben Sie Ihre Antworten für sich auf, als Liste oder als Mindmap (vgl. Abb. 6.2). Oder gehen Sie die Antworten einfach still für sich im Kopf

durch. Denken Sie dazu an ein aktuelles Entscheidungsproblem. Oder falls Sie kein akutes haben, wählen Sie ein
vergangenes und rufen es sich so lebhaft in Erinnerung, als
läge es im Hier und Jetzt.

- Was ist es konkret, das Sie entscheidungsunfähig
  macht? Was lässt Sie zögern?
- Verspüren Sie Zeitdruck oder gibt es eine Deadline?
- Müssen Sie alleine entscheiden? Falls es andere
  Beteiligte gibt, welche Rolle haben diese im Ent-
  scheidungsprozess? Welche Personen sind involviert,
  die Ihnen das Entscheiden (gefühlt oder real) schwer
  machen?
- Welche Konsequenzen Ihrer Entscheidung befürchten
  Sie? Ist sie unumkehrbar?
- Haben Sie häufiger mit Entscheidungsproblemen dieser
  Art zu tun? Worum geht es thematisch? Gibt es eine
  Gemeinsamkeit bei den Entscheidungen, die Ihnen
  schwerfallen?
- Wie entscheiden Sie in der Regel zu diesen Themen?
  Haben Sie eine spezifische Methode?

Allgemeine Fragen zu Ihrem Entscheidungsverhalten:

- Wann bzw. bei was tun Sie sich besonders schwer, eine
  Entscheidung zu fällen? Vor dem Kleiderschrank, wenn
  Sie zu einem wichtigen Termin müssen? Beim Verfassen
  einer E-Mail an die Führungskraft? Beim Einkaufen?
  Oder etwa immer?
- Womit verschwenden Sie die meiste Zeit, wenn es ums
  Entscheiden geht?
- Was bereitet Ihnen die größten Bauchschmerzen, wenn
  es ums Entscheiden geht?
- Wie haben Ihre Eltern entschieden oder Ihnen nahe-
  stehende Personen, die einen Einfluss auf Sie hatten?

- Welche Erwartung haben Ihrer Meinung nach andere Menschen an Sie, wenn Sie etwas entscheiden sollen?
- Was ist Ihre schlimmste Erinnerung zum Thema Entscheiden?
- Was ist Ihr schönstes Erlebnis beim Entscheiden gewesen?

Sie werden feststellen, dass es einige Bereiche oder Themen in Entscheidungsdingen gibt, in denen Sie weniger lange überlegen müssen und andere, die eine unverhältnismäßig lange Nachdenkzeit erfordern, bis Sie sich entschieden haben. Wenn es Sie beunruhigen sollte: Sie sind normal und in guter Gesellschaft damit. So gut wie jeder Mensch hat zu bestimmten Themen seine Blockaden. Und das kann viele verschiedene Ursachen haben. Das Wichtigste ist jedoch, dass es veränderbar ist. Sie selbst haben es in der Hand, sich weniger oder mehr Gedanken zu machen. Je nachdem, was Ihnen hilfreicher erscheint, können Sie dadurch schneller, bedachter oder mehr nach Ihrem Gefühl Ihre Entscheidung treffen. Sie selbst können entscheiden, ab sofort anders zu entscheiden als bisher. Und die erste Entscheidung, die Sie dafür treffen müssen, ist diese: Ab heute verändere ich mein Entscheidungsverhalten!

Wenn es für Sie hilfreich ist, listen Sie nochmals Ihre Gründe auf, warum Sie etwas an Ihrem Entscheidungsverhalten ändern möchten. Vielleicht, um mehr Zeit für wesentlichere Dinge übrig zu haben, eigene Wünsche stärker zu verwirklichen, den Partner oder die Partnerin nicht mehr mit der eigenen Unentschlossenheit zu nerven oder es sich einfach leichter zu machen im Leben. Denn egal, worum es geht, Sie können sich folgende Formel (Abb. 1.2) als Motivationsverstärker merken: Sich endlich zu entscheiden und die Dinge selbst in die Hand zu nehmen kann relativ glücklich machen.

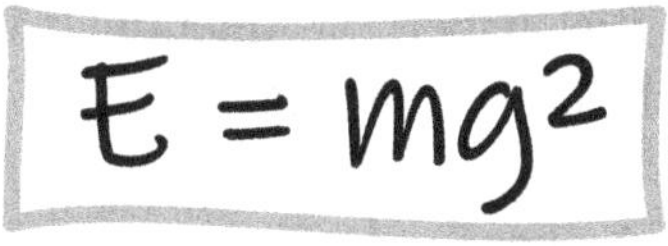

$$E = mg^2$$

Abb. 1.2 Entscheiden macht relativ glücklich. $E = mg^2$. (Quelle: Eigene Darstellung)

1.2 Kopf- und Bauchentscheidungen

In der Literatur wird in der Regel zwischen sogenannten Kopf- und Bauchentscheidungen unterschieden. Diese Unterscheidung kennen einige vielleicht auch aus dem Modell des Nobelpreisträgers Kahneman, der von System 1 und 2 spricht, wenn er zwischen zwei kognitiven Systemen des Menschen unterscheidet. Kurz gesagt kann System 1 als automatisch, schnell, weitgehend mühelos und ohne willentliche Steuerung charakterisiert werden; bei System 2 hingegen wird die Aufmerksamkeit bewusst auf etwas gerichtet und anstrengende mentale Aktivitäten unternommen. Wandert die Aufmerksamkeit von diesen Aktivitäten weg, so kann beispielsweise eine begonnene Aufgabe nicht mehr korrekt ausgeführt werden (Kahneman, 2012). Wir kennen das wohl alle, wenn wir bei uns fordernden Tätigkeiten, bei denen wir uns konzentrieren müssen, unterbrochen werden. Kahneman spricht hier auch von einem begrenzten Aufmerksamkeitsbudget, das dem Menschen zur Verfügung steht und das er sich entsprechend einteilen muss.

Betrachten wir zum Einstieg und zur Vergegenwärtigung des Aufbaus von Entscheidungen vorab die dazugehörigen Elemente der Entscheidungsfindung. Zu diesen werden üblicherweise die folgenden gezählt (Pfister et al., 2017):

1. **Ziele:** Ohne Ziel haben Sie unendlich viele Optionen sich zu entscheiden, weil Ihnen ja egal ist, wohin Sie gehen.
2. **Optionen:** Es liegen bei einem Entscheidungsfall immer mindestens zwei Optionen vor, wie Sie sich entscheiden können, oft aber auch weitaus mehr. Dabei kann eine Option auch nur aus dem Bejahen oder Verneinen von etwas bestehen (Kaffee mit Milch?).
3. **Konsequenzen:** Entscheidungen haben Folgen, die sich auf uns, andere oder weitere Ereignisse auswirken. Menschen beziehen diese möglichen Folgen schon vor der Entscheidungsfindung mit ein.
4. **Gründe:** Warum sich Menschen so oder so oder gar nicht entscheiden, kann sehr unterschiedliche Ursachen haben. Gründe müssen rein gar nichts mit den angenommenen Folgen einer Entscheidung zu tun haben und sind zuweilen auch total unlogisch.
5. **Ereignisse:** Unabhängig von den inneren Prozessen bei der Entscheidungsfindung gibt es auch äußere Faktoren, die auf Entscheidungen bzw. die Bewertung einer Entscheidung einwirken. Nur können wir nie alle möglichen Ereignisse kennen, die eintreten können bzw. nicht wissen, wann genau welches Ereignis uns überrascht.

Diese Elemente der Entscheidungsfindung werden im Laufe des Buches weitere Berücksichtigung finden, wenn es darum gehen soll, wie Sie selbst Ihre Entscheidungsprozesse reflektieren und verändern können. Wenn wir diese Elemente, die bei Entscheidungen eine Rolle spielen, mal in einem beispielhaften Ablauf betrachten, finden wir folgendes Schema vor (Abb. 1.3): Menschen stehen vor einem Entscheidungsproblem. Idealerweise haben sie hierzu ein Ziel vor Augen, das ihnen eine Orientierung gibt, wohin sie wollen. Zu diesem Ziel selbst gehören

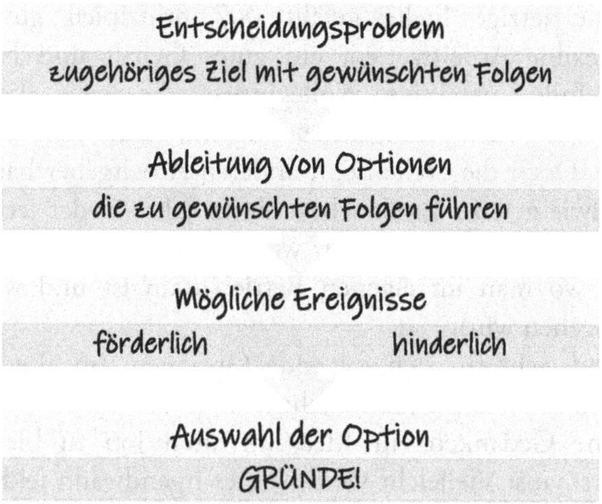

Entscheidungsproblem
zugehöriges Ziel mit gewünschten Folgen

Ableitung von Optionen
die zu gewünschten Folgen führen

Mögliche Ereignisse
förderlich   hinderlich

Auswahl der Option
GRÜNDE!

Abb. 1.3 Entscheidungskomponenten in Anlehnung an Pfister et al. (2017). (Quelle: Eigene Darstellung)

die gewünschten Konsequenzen, die man sich ausmalt, und wie das Leben sein wird, wenn man die fragliche Entscheidung derart trifft. Sind Ziel und gewünschte Konsequenzen klar, lassen sich daraus Optionen ableiten, wie man sich entscheiden könnte, um das Ziel zu erreichen. Unabhängig davon können äußere Einflüsse eine Rolle spielen, d. h. möglicherweise Ereignisse eintreten, unter denen die gewählte Entscheidungsoption subjektiv gut oder schlecht für den Menschen ausfällt. Letztlich muss die nach den eigenen Kriterien aufgestellte Entscheidungsoption ausgewählt werden.

Sehen wir uns die Komplexität der Entscheidungsfindung nochmals anhand eines Beispiels an, in dem James Bond über einen Jobwechsel nachdenkt. 007 hat sich nach dem Brexit woanders beworben und ist nach einem gut gelaufenen Job-Interview in die zweite Runde eingeladen worden. Die erste Hürde wäre geschafft und er befindet sich nun in der Vorbereitung auf den nächsten Termin.

Seine jetzige Stelle gefällt 007 prinzipiell gut. Er hat flexible Arbeitszeiten, ein gutes Gehalt und häufig wechselnde attraktive Kolleginnen. Es gäbe keinen konkreten oder drängenden Grund, den Job aufzugeben. Doch die Stelle beim anderen Arbeitgeber hat ihn irgendwie gereizt. Er ist schon einige Jahre in der jetzigen Organisation, aber aktuell weiß man irgendwie nicht mehr, wo man im eigenen Betrieb dran ist und wie es weitergehen wird.

Bond sieht für sich folgende Optionen: Im alten Job bleiben. Den neuen Job annehmen.

Seine Gedanken zur Idee, im alten Job zu bleiben, sehen so aus: Vielleicht werde ich es irgendwann leid hier oder man streicht dem Laden die finanziellen Mittel. So eine Chance auf die ausgeschriebene Stelle kriege ich vielleicht auch nicht mehr, wenn die mich zu alt für einen Wechsel halten. Allerdings kenne ich im jetzigen Job auch alles, meine Vorgesetzten sind zufrieden mit mir, können es vielleicht nur nicht immer so gut zeigen. Vielleicht könnte ich eine bessere Bezahlung oder eine andere Stellengestaltung mit mehr Innendienst kriegen…?

Seine Gedanken, wenn er sich für den neuen Job entschiede, lauten wie folgt: Ich müsste mich neu einarbeiten, wüsste nicht, wie das neue Team ist. Vielleicht sind die auch nicht so tolerant wie hier? Dann müsste ich eventuell wieder wechseln oder die übernehmen mich gar nicht. Es könnte aber auch sehr spannend und interessant sein, ich hätte dort einen ganz neuen Bereich zu verantworten und könnte mich fachlich nochmal weiter entwickeln.

Hierbei wird vielleicht deutlich, dass 007 nochmal in sich gehen muss, um sein Ziel zu konkretisieren. Seine Optionen: *im alten Job bleiben* vs. *den neuen annehmen* sind beide mit sehr verschiedenen Merkmalen verbunden, die zu unterschiedlichen Konsequenzen führen. Will er

Sicherheit? Will er sich weiterentwickeln? Will er mehr Freiraum oder Anerkennung? Dies gilt es vorab zu klären.

Ein weiterer Aspekt in seinem Entscheidungsprozess hängt mit den möglichen Ereignissen zusammen. Ereignisse sind Dinge, die eintreten können, aber eben durch uns selbst nicht (unbegrenzt) beeinflussbar sind. Er weiß beispielsweise noch gar nicht, ob der neue Arbeitgeber ihm ein Angebot machen wird. Er hat auch bei seinem jetzigen Arbeitgeber nicht in Erfahrung gebracht, ob es für ihn möglicherweise eine fachliche Entwicklung oder Arbeitsplatzveränderung geben könnte.

Bonds Entscheidungsmodell basiert aktuell daher auf vielen *Spekulationen,* die in Summe zu keiner Entscheidung im jetzigen Moment führen können. Doch sie können ihm helfen, sich über die hier soeben angeführten Punkte Klarheit zu verschaffen, um später dann eine solide Entscheidungsgrundlage zu haben.

Abgesehen davon, dass bei allen bisher angesprochenen Schritten im Entscheidungsprozess Probleme auftreten können, liegt der Hund oft an der letzten Stelle des skizzierten Entscheidungsprozesses begraben: den individuellen *Gründen,* die ein Mensch hat, um sich so oder so oder gar nicht zu entscheiden. Auch wenn 007 sich weitere Informationen einholt, seine eigenen Ziele klärt, entsprechend Zeit vergehen lässt, das zweite Gespräch sowie die Mitteilung zum Bewerbungsausgang abwartet: Er könnte sich dennoch auf eine uns nicht nachvollziehbare Weise entscheiden, weil er persönliche Gründe dafür hat, die weder uns noch vielleicht ihm selbst bewusst sind.

Die folgenden Kapitel setzen genau an diesen Schritten samt ihren Schwierigkeiten an. Welche Möglichkeiten bestehen, um für sich selbst besser mit all diesen Elementen umzugehen, wenn es um das Treffen von Entscheidungen geht? Passend zu dem letztgenannten

Element, den Gründen im Entscheidungsprozess, betrachten wir auch diejenigen Entscheidungswege, die wenig bis gar nichts mit logischem Denken und Prozessen zu tun haben. Viele Entscheidungen, die wir täglich fällen, sind unbewusster Natur. Der Mensch kann Objekte, Menschen oder Sachverhalte automatisch in diverse Kategorien einsortieren. In vielen Fällen korrekt – in einigen natürlich aber auch mal inkorrekt, da die Ausnahme die Regel bestätigt und der Mensch nicht fehlerfrei ist.

Die beiden angesprochenen Wege der Entscheidungsfindung (Kopf vs. Bauch) wohnen jedem Menschen inne und besitzen ihre Vor- und Nachteile. Über die Jahrzehnte in der Entscheidungsforschung konnte empirisch festgestellt werden, dass Bauchentscheidungen teilweise den vormals immer als besser angesehenen Denkmodellen überlegen sind. Gigerenzer (2008) hat dies auf prägnante Weise erläutert, indem er darauf hinwies, dass Computer-Modelle bzw. mathematische Berechnungen immer mit Daten gefüttert sind, die nur das bereits Geschehene der Vergangenheit abbilden. Solche Modelle können natürlich wunderbar abbilden, was wir vorfinden. Nicht aber das, was zukünftig geschehen wird. Der Mensch hingegen ist in der Lage, sich verändernde Umweltbedingungen wahrzunehmen und bei der eigenen Entscheidung zu berücksichtigen. Dabei liegt es ihm fern, stets benennen zu können, was genau der jeweilige Grund für einen Kurswechsel in einer Entscheidung ist – aber das Bauchgefühl, die Intuition, leitet ihn oftmals korrekt. Diese Bauchgefühle werden öfters auch als Faustregeln oder Daumenregeln bezeichnet. In der Psychologie bzw. Entscheidungsforschung nennt man sie eine Heuristik.

Zu diesen zählt beispielsweise, dass Menschen sich gerne daran orientieren, was die anderen machen, um eine Entscheidung zu fällen (*social proof*; Cialdini, 2017); dass teure Dinge zwar nicht immer die besten sein müssen, aber oftmals eine Verbindung zwischen Preis und Qualität besteht (*teuer = gut;* Cialdini, 2017); dass wir unterm Strich mit der Entscheidung für das Erstbeste oft goldrichtig liegen und den Prozess abkürzen können (*take-the-best;* Gigerenzer, 2008).

Fazit
Wer die Freiheit hat und so privilegiert ist, entscheiden zu dürfen, sollte es auch tun. Zu viele Menschen auf der Welt haben kaum eine Wahl in ihrem Leben als alles so zu akzeptieren wie es ist. Das Entscheiden ist aber für viele derjenigen, die diese Entscheidungsfreiheit haben, eine Last geworden. Es gibt zu viel zu schnell zu entscheiden, die Auswahl ist zu groß, die Angst vor Fehlern lähmt den Menschen im Entscheidungsprozess oder das Hoffen auf etwas noch Besseres lässt Entscheidungsoptionen vorbeiziehen. Beim Entscheiden steht jeder vor Herausforderungen, die je nach Thema individuell unterschiedlich sein können. Doch Entscheiden lässt sich lernen und trainieren. Entscheiden bedeutet, Verantwortung für sich und andere zu übernehmen. Und diese Erkenntnis ist der erste Schritt, um sich auf die Reise der Veränderung zu begeben, das eigene Entscheidungsverhalten umzuprogrammieren.

Sowohl Ihr Kopf als auch Ihr Bauch werden Ihnen auf diesem Weg wertvolle Dienste erweisen können – daher hören Sie auf beide. Akzeptieren Sie, dass Bauchentscheidungen – ohne Zahlen, Daten und Fakten – genauso oder gar wertvoller in der Güte der Entscheidungsqualität sein können als komplizierte Argumentationen oder mathematische Modelle. Das wird Sie ermutigen, viel stärker auf Ihren sechsten Sinn, Ihr Gefühl, Ihren Bauch oder meinetwegen auch Ihren Darm zu hören. Egal, was sich wo bei Ihnen regt, nehmen Sie das Signal auf, wundern Sie sich und spüren Sie nach, was es bei Ihnen auslöst. Ist es eher ein zustimmendes Zeichen – oder fühlt es sich nach Abstand nehmen an? Hören Sie darauf, was Ihr Gefühl Ihnen mitzuteilen versucht.

Literatur

Cialdini, R. B. (2017). *Die Psychologie des Überzeugens* (8. Aufl.). Hogrefe.

Gigerenzer, G. (2008). *Bauchentscheidungen: Die Intelligenz des Unbewussten und die Macht der Intuition* (15. Aufl.). Wilhelm Goldmann Verlag.

Kahneman, D. (2012). *Schnelles Denken, langsames Denken.* Siedler.

Pfister, H.-R., Jungermann, H., & Fischer, K. (2017). *Die Psychologie der Entscheidung: Eine Einführung* (4. Aufl.). Springer. doi: https://doi.org/10.1007/978-3-662-53038-2

Stavemann, H. H. (2010). *Im Gefühlsdschungel: Emotionale Krisen verstehen und bewältigen* (2. Aufl.). Beltz.

2

Einmal freimachen, bitte

Es gibt ganz verschiedene Ursachen, warum Menschen sich nicht gut entscheiden können. Dabei spielen die individuellen Gedanken, Gefühle und Erwartungen eine wesentliche Rolle. So haben einige eine große Angst vor der falschen Wahl. Andere leiden unter dem Druck, immer die perfekte Lösung finden zu müssen. Weitere wiederum fürchten sich vor den Bewertungen und Urteilen Dritter. Zumeist sind diese Denk- und Verhaltensmuster über viele Jahre antrainiert und relativ robust, sodass sie immer wieder verlässlich die eigene Entscheidungsfindung stören. Lassen Sie uns daher hier einen Einblick in *persönliche* Entscheidungsblockaden werfen und wie Sie trotz deren Robustheit gut damit umgehen und einige vielleicht sogar loswerden können.

© Der/die Autor(en), exklusiv lizenziert durch Springer-Verlag GmbH, DE, ein Teil von Springer Nature 2021
C. Flaßbeck, *Easy entscheiden*,
https://doi.org/10.1007/978-3-662-63511-7_2

2.1 Sicher ist sicher

Romeo und Julia überlegen, von München zurück in die alte Heimat Köln zu ziehen. Da sie Nachwuchs bekommen haben, wollen Sie am liebsten ein Haus bauen. Das ist aktuell jedoch weder vom Kapital noch von den wenigen Neubauprojekten her leicht umzusetzen. Da Julia auch wieder beruflich einsteigen will und das Kind dazu in der entsprechenden Region einen Kitaplatz braucht, scheint es hilfreich und logisch, zumindest schon einmal in die Gegend zu ziehen. Das Hausprojekt kann ja später noch angegangen werden – damit wäre eine erste Entscheidung schon einmal gefällt.

Also haben Romeo und Julia vorerst einmal diverse Wohnungen zur Miete besichtigt. Die letzte wird wiederholt zum Gesprächsthema: Sie liegt minimal über ihrem gesetzten Budget. Die Vermieter wohnen unten im Haus. Die Gegend wäre gut, Einkaufsmöglichkeiten fußläufig erreichbar. Es scheint alles soweit machbar und passend zu sein.

Dennoch haben die beiden nach dem Besichtigungstermin keine unmittelbare Entscheidung fällen können. Eigentlich könnten sie jetzt einfach die besichtigte Wohnung zusagen. Da sie zur Miete wohnen würden, könnten sie schnell und unkompliziert wieder ausziehen. Warum also die Schwere bei der Entscheidung? Weil es um mehr als nur um eine Wohnung geht. Es geht um…

- … die Angst, eine *falsche* Entscheidung zu treffen.
- … viele Kosten für einen noch nicht sichtbaren und nicht sicheren Nutzen.
- … Abschied und das Aufgeben von dem, was man aktuell gesichert hat.
- … Veränderung, die immer mit Unsicherheit einhergeht.

- … viele eventuell eintretende Ereignisse: Die im Haus lebenden Vermieter machen vielleicht Stress! Was, wenn die Nachbarn blöd sind? Und wenn wir uns da nie einleben und zu Hause fühlen werden?

Bei aller Unklarheit in dieser Situation, müssen wir aber auch folgendes beachten: Da bisher keine klare Entscheidung *gegen* diese Wohnung gefallen ist, scheint sie zumindest insoweit den Kriterien zu entsprechen, dass sie infrage kommt. Das allein gibt diesem Entscheidungsproblem schon einmal eine positive Note.

Wir müssen in Bezug auf dieses Gedankenkarussell klar sagen, dass einen jegliche Entscheidung in so einem Fall in die Misere reiten könnte. Es sind eben viele unbekannte Ereignisse mit unseren Entscheidungen verbunden, die eintreten können – oder auch nicht. Das liegt in der Natur von Veränderungen. Doch diese „neuen" Ereignisse könnten auch ohne eine bewusste Entscheidung eintreten, wenn z. B. im jetzigen, alten Haus eine Heavy Metal Band oder Helene Fischer einzieht (je nachdem, was Ihnen mehr zu schaffen macht), Sie Schimmelpilze im Kinderzimmer entdecken oder die Münchner Miete exorbitant steigt. Das alles kann aber niemand von uns vorhersagen.

Die Unsicherheit oder Angst vor dem Unbekannten lässt einigen Menschen ihre Entscheidungssituation unlösbar erscheinen (Stavemann, 2013). Die wesentliche Erkenntnis in Bezug auf Unsicherheiten kann hier wie folgt gezogen werden: Sie wissen in Teilen nie, welche Ereignisse eintreten werden, z. B. welche Nachbarn nach einem Umzug auf Sie warten; ob das Eigenheim Sie wirklich glücklich macht; ob die im Haus lebenden Vermieter problematisch oder doch ganz freundliche Nachbarn sein werden.

Denken Sie bei einer Entscheidung auch darüber nach, ob diese von so großer Relevanz ist. Was bei derart groß

angelegten Entscheidungen auftreten kann, ist eine Ver-
mischung von *langfristigen* Zielen mit *kurz- bis mittel-
fristigen* Möglichkeiten der Annäherung an diese Ziele.
Das große Ziel in diesem Beispiel wäre ein eigenes Haus in
der Wunschregion, was aktuell nicht in der angestrebten
Zeit erreichbar ist. Daher könnte eine Näherungslösung
zumindest eine Wohnung in der Region sein, um dort
einen neuen Arbeitsplatz und eine Kita zu finden. Mit
Blick auf das eigentliche langfristige Ziel wird klar, dass es
sich hierbei um eine Zwischenlösung handelt, die als erstes
Etappenziel bezeichnet werden kann.

Mit dem Bewusstsein, dass es sich bei einigen Entscheidungen um Zwischenlösungen oder Annäherungen
ans große Ziel handelt, lässt sich mit kleinen Unwägbar-
keiten wesentlich leichter umgehen. Wenn Sie wissen, dass
diese Entscheidung nicht die letzte zu diesem Thema ist,
können Sie die Unsicherheit besser ertragen. Sie werden
schließlich wieder zum Thema Wohnen/Umzug entscheiden und im Allgemeinen ist fast jede Entscheidung
revidier- oder erweiterbar! Sie jedoch gar nicht zu treffen,
würde Sie kein Stück weiterbringen. Also gehen Sie!

2.2   Wenn gut ist, dann gut

Manchmal können mehr Informationen das Zünglein
an der Waage sein, um den entscheidenden Vorteil einer
Option zu erkennen und endlich die Entscheidung zu
treffen. Doch einigen Menschen fällt es schwer, bei der
Informationssuche irgendwann den Schlussstrich zu
ziehen. Sie suchen immer weiter und prüfen, ob sie nicht
noch etwas übersehen haben, es nicht einen Haken an
der einen oder einen zusätzlichen Vorteil bei der anderen
Option gibt. Oder ob sich die Informationen, die sie
gesammelt haben, auch heute noch so verhalten wie

gestern. Ja, so vorzugehen mag in einigen Bereichen auch korrekt sein. Im Allgemeinen ist jedoch irgendwann ausreichend Information eingeholt und die Entscheidung kann getroffen werden. Wer dennoch nicht aufhört zu suchen und die Entscheidungsgrundlage abzusichern, hat eventuell einen Hang zum Überkorrekten oder Perfektionismus. Das Streben nach Perfektion beinhaltet oft die Entwicklung oder Erreichung von Dingen, die einwandfrei oder wunderschön sind, denen jeglicher Makel fehlt und die vollends durchdacht wurden. Die Suche nach der absolut wahrhaftigen Lösung oder Entscheidung kann allerdings auch dazu führen, dass manch einer nie fertig wird mit der Analyse der Optionen. Dahinter liegt einerseits der Wunsch, ein außerordentliches Ergebnis zu erzielen – das Optimum – und andererseits kann eine tief sitzende Unsicherheit der Motor für dieses lange Planen, Überlegen und Suchen sein, weil eine Angst vor Fehlern und dem eigenen Scheitern damit verbunden ist. Da wäre es in der Tat am einfachsten, es gäbe gar keine Alternative, zu der man sich entscheiden müsste (Stavemann, 2013).

Sie können sich natürlich fragen, was bei Ihnen der Grund für das Streben nach Perfektion ist. Waren es Ihre Eltern, die Ihnen diese Tugend und Last zugleich mitgegeben haben? Liegt es vielleicht an dem Beruf, den Sie ergriffen haben oder sind Sie in einer Branche tätig, wo Perfektion unerlässlich ist, um dazuzugehören oder den Auftrag auszuführen?

So lobenswert perfekte Schöpfungen einerseits sind, so verflucht sind sie dann, wenn sie den Menschen stark beeinträchtigen und ausbremsen. Wenn Angst vor negativen Konsequenzen wie z. B. dem Scheitern der Grund ist, warum Sie mit einigem nicht weiterkommen, dann lassen Sie sich gesagt sein, dass Sie womöglich nie damit fertig werden. Menschen lernen nicht allein durch Nachdenken, sondern durch *Erfahrung*. Dazu ist es erforderlich, mit etwas zu *beginnen,* Dinge zu *entscheiden* und *umzusetzen.* Selbst dann, wenn wir (noch) nicht ganz sicher sind, dass es sich dabei um die perfekte Lösung handelt. Denken Sie beispielsweise an einen Notarzt. Auch hier wäre es schön zu wissen, dass er die perfekte Lösung wählt, wenn es um Leben und Tod geht. Aber es gilt auch nicht umsonst das Gesetz, dass besser *etwas* getan wird als das *alles* unterlassen wird. Und so können Sie es auch auf Ihr Leben münzen: Tun Sie etwas, damit Sie erfahren können, wie es sich damit verhält. Die wenigsten Entscheidungen, die getroffen werden, sind für immer unumkehrbar. Die wenigsten Entscheidungen, die wir treffen, haben derart große Auswirkungen auf andere oder uns, als dass es sich lohnen würde, noch länger darüber nachzudenken. Denn irgendwann ist unser aller Zeit vorbei, um hier mal etwas Dramatik einzubauen. Dann haben Sie vielleicht den besten Plan in der Tasche gehabt – aber die anderen waren es, die gelacht und geweint haben, hingefallen und wieder aufgestanden sind, ausprobiert und etwas erschaffen haben. Wie heißt der Spruch, der in annähernd jeder psychotherapeutischen Praxis oder an jedem weisen Kühlschrank hängt? Hinfallen, aufstehen, Krone richten und weiter!

Perfektionismus kann besonders problematisch werden, wenn sehr viele Kombinationsmöglichkeiten bestehen. Nehmen wir beispielsweise an, ein Mensch hat durchschnittlich 10 Hosen und 20 Oberteile, die er miteinander kombinieren könnte. Daraus ergeben sich 200 verschiedene Kombinationen. Ich weiß ja nicht, wie viel Zeit Sie morgens haben… aber wenn wir mal von zwei flotten Minuten ausgehen, die man je Kleidungswechsel benötigt, wären 400 min erforderlich, um alle Kombinationen auszuprobieren. Auf ein Jahr hochgerechnet wären das dann 10.950 min, also etwa 7,6 Tage – eine Urlaubswoche sozusagen.

Was kann helfen? Bei zu vielen Optionen kann es hilfreich sein, bewusst die Anzahl der Optionen zu reduzieren. Ganz im Sinne des Minimalismus könnten Sie sich ein überschaubares Set an Oberteilen und Hosen zurechtlegen (oder was auch immer Sie gerne tragen), das super zusammen passt und „immer geht". Sie sind, wenn Sie nicht gerade in der Modebranche arbeiten, nicht auf dem Laufsteg und werden auch nicht anhand der Reichhaltigkeit Ihres Kleiderschranks bewertet. Zumal viele Menschen doch ohnedies nach all diesen Umziehaktionen wieder zum ersten Outfit zurückkehren – da bräuchten Sie im Grunde nur fünf dunkle Hosen und weiße Hemden: fertig sind Sie. Der ehemalige US-Präsident Barack Obama hat dazu in einem Vanity Fair-Interview gesagt, dass er mehr als genügend wichtige Entscheidungen am Tag zu treffen habe. Da wolle er die Anzahl lieber reduzieren und nicht auch noch über seine Garderobe nachdenken müssen. Also trüge er tendenziell einen grauen oder blauen Anzug (Lewis, 2012). In jedem Fall eine reduzierte Anzahl an Optionen, die Kapazität für wichtigere Entscheidungen lässt. Vielleicht auch ein Modell für Sie? Zumal Menschen besser entscheiden, wenn Sie allgemein weniger zu entscheiden haben (Dobelli, 2012).

Bei Arbeitsthemen oder anderen Tätigkeiten kann es helfen, sich vom Perfektionismus zu lösen, indem Sie sich konkret die Aufgabenstellung oder das Ziel vor Augen führen. Was ist das Wichtigste, was am Ende rumkommen muss? Welche Informationen genau braucht jemand anderes, um weiterzuarbeiten? Oder was konkret brauchen Sie, um dieses Thema in den Grundzügen erledigt zu haben? Denken Sie nicht in Maximierer-Schleifen, sondern legen Sie Mindeststandards fest. Und wenn diese erreicht sind, vielleicht reicht es dann ja auch schon? Hierin können Sie sich üben und sich trauen, vermeintlich

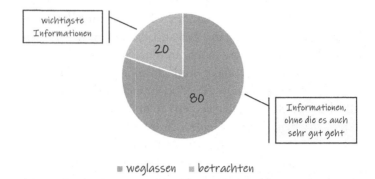

Abb. 2.1 Entscheiden am Beispiel des Anteils an Informations-betrachtung nach dem Pareto-Prinzip. (Quelle: Eigene Dar-stellung)

unfertige Dinge so stehen zu lassen wie sie sind. Holen Sie sich regelmäßig und vor allem frühzeitig Feedback von anderen ein. Oftmals reichen die Dinge schon in einer Form von 80 % aus – und die restlichen 20 % sind die, die uns sehr viel Energie und Zeit kosten. Umgekehrt heißt das: Investieren Sie 20 % Ihrer Zeit oder betrachten Sie 20 % an verfügbaren Informationen, um zu einem 80 %-Ergebnis zu kommen. Diese Methode ist auch unter dem Namen *Pareto-Prinzip* bekannt. Wenden Sie es für Ihre Entscheidungsfindung an und begnügen Sie sich mit weitaus weniger Informationen bzw. Optionen, um zu einem völlig akzeptablen Ergebnis zu kommen (Abb. 2.1).

2.3   Was die Leute denken

Was könnten andere von uns denken, wenn wir uns so oder so entscheiden? Wir lassen uns in unserem Denken, Fühlen und Handeln immer auch von anderen Personen beeinflussen. Dies sogar, wenn sie gar nicht tatsächlich anwesend sind, sondern wir uns deren Anwesenheit nur vorstellen oder wir indirekt durch Kulturen und Normen beeinflusst werden (Allport, 1954).

Dahinter kann mitunter auch eine Form von Bewertungsangst liegen, wenn davon ausgegangen wird, dass andere über einen urteilen werden. Wenn wir dann noch davon ausgehen, dass sie uns gegenüber auch noch negativ eingestellt sind, werden bestimmte Aufgaben wie das Treffen komplexer Entscheidungen dadurch alles andere als leichter. Habe ich in den Augen der anderen richtig entschieden? Wie werden sie meine Entscheidung bewerten? Muss ich mich rechtfertigen und meine nicht gewählte Alternative begründen? Was, wenn ich aus dem Bauch heraus entschieden und keine Argumente oder Zahlen als Begründung liefern kann?

Wieso juckt es den Menschen überhaupt, was andere denken? Nun, der Mensch war und ist immer auch von anderen Menschen abhängig und hat ein angeborenes Bedürfnis nach Zugehörigkeit. Durch unsere Taten, also auch Entscheidungen, drücken wir auch unsere Einstellungen und Gedanken aus. Unsere offengelegten Entscheidungen können andere Menschen dazu verleiten, Rückschlüsse auf unsere Intelligenz, Bildung, Anstrengung, dahinterliegende Motive oder Ziele zu ziehen. Mitunter wollen wir natürlich nicht immer unsere Gedanken und Absichten wie ein offenes Buch vor allen ausbreiten. Und doch können wir wenig daran ändern, dass andere Menschen uns immer aufgrund von irgendetwas beurteilen: sei es unsere Entscheidung, heute ein rotes T-Shirt angezogen zu haben; sei es die Entscheidung, mit dem Rad statt des Autos gefahren zu sein; sei es die Wahl unseres Mittagessens (Oh, heute Salat und kein Steak? Wohl auf Diät, wie?) oder was auch immer.

Die Urteilsbildung ist oftmals schnell und automatisch, meist passend zu einer bestimmten Schublade, einem Stereotyp.

Dabei geht es Menschen nicht bei jedem Thema so, dass sie ein Unwohlsein verspüren, wenn sie daran denken, dass andere sie und ihre Entscheidungen bzw. deren Ergebnisse bewerten könnten. Einige Themen sind für einige Menschen gewichtiger und auf eine gewisse Art und Weise vorbelastet – andere hingegen sind völlig irrelevant. So werden Menschen schon als kleine Kinder von ihren Eltern und ihrem nächsten Umfeld geprägt und in bestimmte Rollen gepresst, die auch mit Denk- und Verhaltensmustern einhergehen. Daraus ergibt sich dann ein Entscheidungsmuster, das bei vielen Erwachsenen später zu inneren Konflikten führen kann. Sie wissen nicht, wie sie entscheiden sollen, weil in ihnen ein Kampf von ihren eigenen Bedürfnissen und der Annahme, was beispielsweise ihre Eltern von ihnen erwarten, herrscht. Hat man von Ihnen z. B. nie erwartet, komplexe mathematische Aufgaben korrekt zu lösen oder in Ihnen verankert, dass Sie nicht mit Geld umgehen können, könnten das Themen sein, bei denen Ihnen das Entscheiden schwerer fällt als in anderen Situationen. Die Überzeugungen von Dritten (auch die aus der Vergangenheit) bestehen oftmals fort und wirken sich auf uns noch heute aus, sofern wir diese Überzeugungen nicht analysieren und neue Einschätzungen vornehmen.

Gedanken und innere Überzeugungen dienen als Wegweiser beim Entscheiden und Handeln. Leider weisen sie viele Menschen oftmals in die falsche Richtung oder in die wortwörtliche „Irre", weil sie auch krank machen können. Doch solche negativen Muster sind veränderbar und Sie können aktiv Ihre negativen Überzeugungen zu sich selbst bzw. zum Entscheiden im Allgemeinen in etwas Positives verwandeln. Haben Sie z. B. Entscheidungsprobleme hinsichtlich einer Präsentation oder eines Arbeitstermins, bei dem man von Ihnen ein bestimmtes Ergebnis erwartet? Vielleicht zieht sich Ihnen schon der Magen zusammen, wenn Sie an die mögliche Reaktion Ihrer Führungskraft denken. Was, wenn alles schief geht und falsch läuft? Solche Gedankenspiralen können dazu führen, dass Sie in einem negativen Selbstgespräch verharren und sich weiter um potenziell negative Reaktionen sorgen. Dies wird wenig dazu beitragen, dass Sie positiv und proaktiv an das Thema herangehen, sondern Sie wahrscheinlich eher dazu verleiten, verbissen alles zu prüfen, gleiche Aspekte immer wieder zu durchdenken, sehr viel (vielleicht eindeutig zu viel) Zeit mit Feinschliff zu verbringen und von einer stetigen Angst oder Sorge begleitet zu sein.

Versuchen Sie, in eine positive Denkrichtung zu kommen. Behalten Sie selbstredend eine konstruktiv kritische Sicht auf die Dinge bei, wenn das hilfreich ist. Doch schauen Sie in erster Linie mit Wohlwollen und positiv auf das Thema und vor allem auf sich selbst. Dazu kann es hilfreich sein, Ihre negativen in positive Gedanken zu verwandeln (McIntosh & Horowitz, 2018). Unsere Gedanken können uns behindern; aber ebenso können wir sie nutzen, um einen neuen Weg einzuschlagen und Hürden zu überwinden. Denken Sie nicht „Diese Aufgabe schaffe ich nie. So etwas kann ich gar nicht!", sondern wandeln Sie es um in „Dies ist eine neue Herausforderung, die ich ergreife und meistern werde!".

In Bezug auf Entscheidungen geht es Menschen häufig so, dass sie sich nicht trauen, etwas zu unternehmen, weil sie Sorge vor der Bewertung anderer haben oder sich durch ihre eigenen Gedanken selbst im Weg stehen. Machen Sie den Entscheidungsweg frei, indem Sie sich gedanklich positiv ausmalen, wie Sie es schaffen werden.

Denken Sie nicht:

- Die anderen werden bestimmt merken, dass ich mir nicht sicher bin mit meiner Entscheidung.
- Die Entscheidung ist nicht wasserdicht, mein Chef wird mich mit Fragen löchern.
- Ich kann das Thema überhaupt nicht allein abschließend entscheiden.

Sondern so:

- Ich entscheide das jetzt autonom und befinde diese Entscheidung für gut.
- Die Entscheidung ist Stand meines aktuellen Wissens die beste.
- Meinem Gefühl nach gehen wir genau so vor wie ich das jetzt beschlossen habe.

Wenn Sie zu denen gehören, die im Allgemeinen sehr viel grübeln und sich sorgen, kann es hilfreich sein, sich eine Grübelzeit einzuräumen. In diesem festgelegten Zeitfenster gestatten Sie sich, Ihren Gedanken freien Lauf zu lassen. Lassen Sie diese dann bewertungsfrei durch Ihren Kopf ziehen. Von mir aus stellen Sie sich einen Timer, damit es nicht ausufert, denn Sie sollen auch nicht einen ganzen Nachmittag nach Terminplan grübeln.

Da andere Menschen uns generell durch bloße Anwesenheit ablenken können, kann es bei schwierigen Entscheidungen hilfreich sein, wenn wir solche Entscheidungen nicht in deren Anwesenheit treffen müssen. Bei einigen führt die Anwesenheit auch zu der bereits genannten Bewertungsangst oder aber zieht unsere Aufmerksamkeit von unserer eigentlichen Aufgabe ab. Befinden Sie sich also in einer für Sie schwierigen Entscheidungssituation und fühlen sich dabei von anderen unter Druck gesetzt (auch, wenn diese das gar nicht bewusst hervorrufen wollen), ziehen Sie es in Betracht sich zurückzuziehen und die Entscheidung allein zu fällen. Und zwar ohne einen Gedanken an die anderen zu verlieren.

Fazit

Absolute Sicherheit gibt es in keinem Bereich. Wir können daher auch niemals eine komplett sichere Entscheidung treffen, da wir die zukünftigen Ereignisse nicht kennen. Klären Sie für sich, wobei es sich um Ereignisse handelt, die Sie nicht beeinflussen und nicht vorausahnen können. Denn genau diese sind im Grunde kein kalkulierbarer Faktor in Ihrer Entscheidungsfindung, sondern oftmals eine Bremse. Manchmal verwechseln wir ein langfristiges Ziel mit den Möglichkeiten, die sich uns auf dem Weg dahin bieten. Sehen Sie einige Entscheidungen nicht als Ende der Fahnenstange, sondern als Weg zum großen Ziel.

Perfekte und absolut wasserdichte Entscheidungen zu treffen wäre schön. Doch wäre jede Entscheidung perfekt, wäre sie dann nicht fast gleichzusetzen mit der Vorhersage der Zukunft? Erkennen und akzeptieren Sie, dass Sie mit unperfekten Entscheidungen langfristig besser fahren. Durch sie können wir lernen und durch die Rückmeldungen aus der Umwelt erfahren, inwieweit sie passen oder nicht. Manch einem kann es helfen, die Anzahl der Optionen zu reduzieren. Weniger ist oftmals mehr und wir sparen Zeit und Entscheidungskraft.

Was andere sagen, *kann* uns jucken; sollte es in der Regel aber selten tun. Machen Sie sich bewusst, wie stark Sie von der Bewertung anderer abhängig sind. Es geht nicht darum, was die anderen tun würden oder was ihnen gefällt. Nur Ihre Meinung ist gefragt. Wollen Sie eine Entscheidung finden, die zu Ihnen passt? Oder eine, durch die *andere* Menschen Sie *mögen?* Beides bietet einen Grund für oder wider bestimmte Optionen. Doch zweifeln Sie Ihr Vorgehen an, wenn Sie den Eindruck haben, Ihre Entscheidungen richten sich stets nach den anderen.

Ihr Leben. Ihre Entscheidung.

Literatur

Allport, G. W. (1954). The historical background of modern social psychology. In G. Lindzey (Hrsg.), *Handbook of social psychology* (2. Aufl., Bd. 1, S. 3–56). Addison-Wesley.

Lewis, M. (11. Sept. 2012). Obama's way. *Vanity Fair.* https://www.vanityfair.com/news/2012/10/michael-lewis-profile-barack-obama. Zugegriffen: 18. Mai 2021.

McIntosh, D., & Horowitz, J. (2018). *Stress lass nach.* DK.

Stavemann, H. H. (2013). *Frustkiller und Schweinehundbesieger: Geringe Frustrationstoleranz und Aufschieberitis loswerden.* Beltz.

3

Wohin wollen Sie denn?

Wir wissen sehr häufig, was wir *nicht* wollen, können jedoch selten klar benennen, was wir gerne hätten. Bei einigen fängt das schon im Kleinen mit dem Frühstück an (Croissant oder Currywurst?), bei anderen spielt es sich vielleicht auf bedeutenderen Ebenen wie des Berufs (für den Chef arbeiten oder selber Chef sein?), der Beziehung (Kandidat 1, 2 oder 3) oder gar dem Sinn des Lebens ab.

In diesem Kapitel soll es darum gehen, wie Sie Ihre jeweiligen Ziele erarbeiten, um Ihnen dadurch das Entscheiden zu erleichtern. Weiterhin wollen wir einen Blick auf die ganz persönlichen Werte werfen, die ähnlich wie die Ziele eine Orientierungshilfe beim Entscheiden bieten. Die Methode des *Inneren Teams* (Schulz von Thun, 2013) kann dabei zur Selbstanalyse bei konkreten Entscheidungsanliegen herangezogen werden. So können Sie Ihre innere Zerrissenheit zu bestimmten Themen achtsamer wahrnehmen, in Ihre Entscheidungsfindung einbeziehen und schlussendlich auch auflösen, indem Sie ehrliche Entscheidungen treffen.

3.1 Ziele planen

Als Alice im Wunderland die Grinsekatze fragte, welchen Weg sie nehmen sollte, antwortete diese sinngemäß mit: Es kommt darauf an, wo du hin willst (Carroll, 1994)! Wer aber nicht weiß, wo er hin will, braucht auch nichts zu entscheiden – jeder Weg führt ins Nichts bzw. irgendwohin, wenn man nur lange genug läuft. Ohne Ziel umherzugehen kann einerseits praktisch sein, weil Sie so vermeintlich nie falsch ankommen können. Andererseits gehören Sie damit auch zu denen, die das eigene Leben nicht aktiv in die Hand nehmen und sich vielleicht erst (zu) spät im Leben fragen, ob Sie nicht Chancen vertan haben und ob das Ihre eigenen Wünsche und Ziele waren, denen Sie gefolgt sind, oder doch eher die von anderen Personen. Gewiss kann man einige Strecken im Leben teilweise ohne Entscheidungen auskommen. Ganz ohne wird es aber nicht gehen. Hin und wieder ist eine eigene Entscheidung gefragt. Sind die eigenen Ziele jedoch unklar, können Entscheidungen schon allein deshalb zu einer Qual werden, weil es an Orientierung mangelt.

Ein Ziel weist den Weg in eine *Richtung*. Um das angestrebte Ziel zu erreichen, können verschiedene *Optionen* gesucht werden. Wie könnte man näher ans Ziel herankommen? Was muss getan werden, um *einen Schritt* vorzugehen? Die relevanten Informationen zu kennen und auch die *Details* in die Zielplanung aufzunehmen ist grundlegend für die Entscheidungssituation. Ohne die besonderen Details ist Ihr Ziel nicht hinreichend präzise und letzten Endes vielleicht nicht das, was es sein sollte. Finden Sie heraus, was unbedingt zu

Ihrem Ziel dazugehört. Sozusagen: Was Ananas für Piña Colada, ist der Ahornsirup für Kanada. Ohne geht es nicht! Formulieren Sie Ihre Ziele zum Beispiel mittels der *SMART-Formel*. Die Abkürzung steht für: spezifisch, messbar, ambitioniert, realistisch und terminiert. Allein die grobe Orientierung an solchen Formulierungsformeln führt dazu, dass Sie intensiver über das Ziel nachdenken, sich vorstellen, wie es genau aussehen soll und was Sie dafür bis wann tun müssen.

Beispiel: Jobsuche/Abnehmen
Sie sind mit Ihrer aktuellen Jobsituation unzufrieden und wollen sich wegbewerben. Anstelle von „Ich suche mir einen neuen Job" ist es in der Zielerreichung förderlicher die Kriterien der SMART-Formel zu verwenden und zu sagen: „Bis zum 31.12. dieses Jahres schreibe ich mindestens eine Bewerbung pro Woche auf Jobpositionen mit den Merkmalen XY." Diese Formulierung geht konkret ins Detail und beinhaltet sogar schon, was genau in welchem Umfang getan werden soll, um das Ziel des Jobwechsels zu erreichen. Solch ein Ziel ist von der Natur her ein völlig anderes als zum Beispiel der Wunsch abzunehmen. Beim Job haben viele andere auch ein Wörtchen mitzureden, ob Sie ihn kriegen. Beim Abnehmen sind hauptsächlich Sie selbst im Streitgespräch mit Fett- und Hirnzellen. So wäre eine gute Formulierung für ein Abnehmziel bei einem Ausgangsgewicht von 62 kg anstelle von „Ich will schlank sein" folgendes: „In drei Monaten, am 1.3.xxxx, wiege ich exakt 5 kg weniger als heute: 57 kg." Was hat das denn nun konkret mit Entscheidungen zu tun, fragen Sie? Es geht darum, dass Sie bei klarer Zielvorstellung leichter entscheiden können, ob Sie Pommes Currywurst oder den gemischten Salat bestellen. Oder ob Sie sich am Wochenende mit Freunden ein paar Drinks gönnen oder doch erstmal

den Stellenmarkt sichten und eine weitere Bewerbung abschicken – ehe danach dann die Entscheidung zwischen Piña Colada und Pils ansteht.

Nutzen Sie beim Erarbeiten Ihrer Ziele auch Ihre Vorstellungskraft, weil diese neben der Verschriftlichung stärker die Gefühle anspricht und Sie motiviert. Wie soll es genau aussehen, was Sie erreichen möchten? Oder wie genau werden Sie selbst aussehen, wenn Sie fünf Kilogramm abgenommen haben? Wie werden die anderen reagieren? Wie wird es sich anfühlen, wenn Sie Ihr Ziel erreicht haben?

Die Verbildlichung der Ziele kann rein im Stillen über die *mentale Vorstellung* erfolgen. Doch auch die sichtbare Visualisierung kann den Prozess der Zielklärung unterstützen, die Ziele konkretisieren und die emotionalen Vorstellungen kräftigen. Dazu können Sie einen Zeitstrahl aufmalen oder Fotos aus Magazinen ausschneiden. Ihrer Fantasie sind keine Grenzen gesetzt. Dabei kann es um ein ganz konkretes Thema oder Projekt gehen (abnehmen oder Job wechseln), aber ebenso lässt sich die Technik auf einen Zeitraum wie das vor Ihnen liegende Jahr oder gar das restliche Leben anwenden. Je nachdem, worum es Ihnen in der Zielklärung geht. Eine Zielcollage für beispielsweise ein Jahr oder auch ohne Zeitbegrenzung, mit Dingen, Menschen, Themen, die Ihnen wichtig sind und die Sie haben oder tun wollen, führt Ihnen vor Augen, was Ihnen persönlich wirklich etwas bedeutet. In Abb. 3.1 zeigt eine Zielcollage, dass jemand schwimmen und tanzen will, eine neue Liebe sucht, den Zelturlaub in den Bergen herbeisehnt, gern mehr Geld hätte und sich einen neuen Wagen wünscht. Es ist dabei nicht wichtig, dass andere Leute Ihre Zielcollage verstehen. Diese hier hätte man auch anders interpretieren können. Wichtig ist allein, dass Sie für sich die Dinge auf Ihre Art festhalten und wissen, was gemeint ist. Sie werden sehen, dass es gut tut, sich der

Abb. 3.1 Beispiel einer Zielcollage. (Quelle: Eigene Darstellung)

eigenen Ziele und Bedürfnisse im Alltag immer wieder bewusst zu werden, wenn Sie nicht von der Grinsekatze ob Ihrer Orientierungslosigkeit belächelt werden möchten.

Wenn Sie mögen, nehmen Sie sich Zeit für sich allein und lassen sich nicht stören. Schnappen Sie sich ein mindestens DIN A4 großes Blatt Papier und halten Sie mit Stichworten (zum Beispiel wie in einer Mindmap, s. Abb. 6.2) oder aber auch mit gemalten Symbolen Ihre großen wie kleinen Ziele fest, die Ihnen so einfallen. Schreiben Sie alles auf diese Liste, was Ihnen in den Sinn kommt. Stellen Sie sich vor, es sei heute Wünsch-Dir-was oder Ausverkauf und Sie könnten alles, was Sie wollen, der Zielliste Ihres Lebens hinzufügen. Wenn es mehr wird, nehmen Sie ein weiteres Blatt dazu!

Allein schon dieser Prozess der Zielfindung und des Darüber-Nachdenkens wird Ihnen einige Klarheit bringen – vielleicht hier und da auch eine Form von Aktivierung, dass Sie Lust verspüren, nun auch etwas zu unternehmen, um dem einen oder anderen Ziel zeitnah näher zu kommen. Und das ist auch gut so. Denn Ziele motivieren uns, setzen Energie frei und lenken unsere Ressourcen in die gewünschte Richtung.

Um realistisch zu bleiben und sich auf erreichbare Ziele zu fokussieren, hilft es vorab, mitsamt des jeweiligen Ziels auch potenzielle Hindernisse zu betrachten. Man spricht auch vom *mentalen Kontrastieren* und sucht das, was sich einem in dem Weg stellen könnte (Oettingen et al., 2009). Ziele an sich lassen sich eventuell viele benennen – aber ob es unter den gegebenen Umständen realistisch ist, dass Sie diese auch erreichen, steht auf einem ganz anderen Blatt. Werden Sie das Abnehmziel wirklich realisieren können, wenn Sie ausgerechnet in der Weihnachtszeit damit beginnen? Durch das vorherige Bedenken der Hindernisse mitsamt deren Überwindung fällt es Menschen leichter, ihr Ziel auch trotz widriger Ereignisse zu erreichen (Marquardt et al., 2017). Die Idee von Hindernissen, die sich einem in den Weg stellen können, knüpft an die Ereignisse an, die Sie aus den verschiedenen Elementen im Entscheidungsprozess zu Beginn des Buches kennen. Ereignisse sind die Dinge, die passieren, während wir etwas (ganz anderes) vorhaben. Die positiven Ereignisse nehmen wir in der Regel weniger stark zur Kenntnis; die hingegen, die unsere Pläne durchkreuzen, bemerken wir sehr wohl. Wer sich vorab überlegt, was einen vom Ziel ablenken oder abhalten könnte, hat bessere Chancen, diese Ereignisse mit einzuplanen, zu umschiffen oder einen cleveren Handlungsplan dazu aufzustellen.

Damit Sie nicht nur planen, sondern auch handeln, ist es gut, sich nach der Planung das Erreichen des Ziels vorzustellen. Sonst geht es Ihnen so, wie es mein Vater in einem unserer Gespräche über Politikerphrasen anmerkte: „Ich höre immer *Wir sind auf dem richtigen Weg.* – Aber sie gehen nicht los!". Um endlich loszugehen kann es hilfreich sein, das gewünschte Ziel wie einen Film vor dem geistigen Auge ablaufen zu lassen. Wie werden Sie an der Strand-Promenade oder auch durch Ihre heimische Fußgängerzone flanieren, wenn Sie fünf Kilo abgenommen und sich in das neue Outfit geschmissen haben? Wie werden die Leute gucken? Wie leicht werden Sie sich fühlen? Sich den Zieleinlauf vorzustellen, ist eine erfolgreiche Mentaltechnik aus dem Sport. Wir können sie ebenso gut für alle übrigen Bereiche nutzen und uns in den schillerndsten Farben ausmalen, wie es sein wird, wenn wir es geschafft haben. Tun Sie das und drehen Sie hierbei ruhig etwas auf! Wer sich das Ziel nicht lebendig und klar vorstellen kann, ist nur halb dabei.

3.2 Werte und Lebensregeln

Konkrete Ziele können Orientierung bei anstehenden Entscheidungen geben. Doch manchmal fehlen diese Ziele eben (noch) oder man ist sich trotz vorhandener Ziele nicht immer unmittelbar schlüssig, wie man sich entscheiden soll. Dann kann es helfen, einen Blick auf die persönlichen Werte oder Lebensregeln zu werfen. Die Werte können einerseits zu den *Zielen,* aber auch zu den *Gründen* im Entscheidungsprozess gezählt werden. Manchmal ist ein persönlicher Wert an sich vielleicht schon ein Ziel, sodass man dauerhaft im Leben versucht, sich danach zu richten: z. B. eine Tradition aufrecht zu erhalten, immer unabhängig zu bleiben oder stets ehrlich zu sein.

Die eigenen Werte zu kennen kann dabei helfen einzuordnen, ob etwas mehr oder weniger wünschenswert ist. Menschen orientieren ihre Entscheidungen daher auch daran, ob das jeweilige Resultat in Bezug auf ihre Werte wünschenswerter bzw. angenehmer für sie ist als ein anderes. So kann mit dem Wertekonzept erklärt werden, warum Menschen (aus der Perspektive anderer betrachtet) zum Teil irrationale oder unmoralische Entscheidungen treffen. Bei manch einer Entscheidung fragen sich Dritte dann vielleicht verwundert: *Wieso nur?! Das hätte ich ganz anders gemacht!* Die persönlichen Werte sind eben höchst individuelle Überzeugungen und lenken unser Denken, Fühlen und Handeln.

In einigen Aspekten teilen Menschen auch systematisch einige Werte, wenn sie nämlich der gleichen Generation oder Kultur angehören. So ist in der Generation Y (um 1980 geboren) beispielsweise ein höheres Bedürfnis nach Selbstverwirklichung und dem Wunsch nach Work-Life-Balance vorhanden als in der vorigen Generation X oder bei den sogenannten Baby-Boomern (Nachkriegsgeneration). Bei *individualistisch* geprägten Kulturen, dazu gehören Deutschland, die USA und westliche Nationen, sind Selbstverwirklichung und Unabhängigkeit wichtig; bei *kollektivistischen* Kulturen stehen die Familie oder die Organisationseinheit der Arbeit über den persönlichen Bedürfnissen. Doch auch das Geschlecht, die soziale Schicht und die Familie bedingen, welche Werte einem mitgegeben werden und für einen quasi normal sind (Frey et al., 2016).

Die eigenen Werte sind nicht immer in jeder Entscheidungssituation bewusst zugänglich, sodass man sie sich zuweilen aktiv ins Gedächtnis rufen muss. Sind die Werte dann unmittelbar vor dem geistigen Auge präsent, lassen sich auch einige Ableitungen für Entscheidungssituationen vornehmen. Da der Mensch in der Regel stimmig zu den eigenen Werten handeln möchte, können sie ein guter Wegweiser sein, um hier und da eine Entscheidung zu treffen, mit der man sich auch langfristig wohl fühlt. Zu den individuellen Werten, die das Handeln und die Bewertung von Ereignissen beeinflussen, werden auch folgende gezählt (Schwartz, 1992):

- Selbstbestimmung: eigene Entscheidungen treffen, Unabhängigkeit, innovativ und kreativ sein, Dinge auf eigene Art erledigen
- Stimulation: Abenteuer, aufregendes Leben, Risiko, Überraschungen, neue und viele verschiedene Dinge unternehmen
- Hedonismus: eine gute Zeit verbringen, alle Chancen auf Spaß mitnehmen, Lust maximieren
- Leistung: eigene Fähigkeiten demonstrieren, Anerkennung von anderen erhalten, erfolgreich sein
- Macht: Geld haben, Dinge besitzen, Respekt von anderen erhalten; andere sollen tun, was man will
- Sicherheit: in sicherer Umgebung leben, Unsicherheiten meiden, Staat sollte für Sicherheit sorgen
- Tradition: Bescheidenheit, selbst nicht im Mittelpunkt stehen, Religions- oder Familienbräuche
- Konformität: Menschen sollten sich immer an die geltenden Regeln halten, korrektes Verhalten zeigen; vermeiden, dass andere einen wegen Fehlverhaltens zurechtweisen
- Benevolenz: anderen Menschen helfen, sich kümmern, loyal zu Freunden sein
- Universalismus: Umwelt, Naturschutz, Interesse an anderen Meinungen, Offenheit, Gleichbehandlung aller, Chancengleichheit

Stellen Sie sich vor, Sie hätten sich in den letzten Monaten intensiv mit dem Thema Umwelt und Fleischkonsum beschäftigt. Sie lehnen nicht artgerechte Tierhaltung ab und wissen um die Folgen für das Klima durch übermäßigen Fleischkonsum. Nun sitzen Sie, eingeladen von einem sehr guten Freund, in einem der besten Steak-Restaurants der Stadt. Früher waren Sie beide als eingefleischte Fans regelmäßig hier essen. Aufgrund Ihres neuen Interesses an Nachhaltigkeit verspüren Sie nun aber eine innere Zerrissenheit. Einerseits möchten Sie Ihren Freund nicht enttäuschen, andererseits nicht Ihr Prinzip der Nachhaltigkeit aufgeben. Sie haben Ihre Werte geändert. Wenn der neue Wert stark genug ist, werden Sie ihm folgen und dem Freund davon erzählen – und dass Sie schweren Herzens, aber reinen Gewissens, den ebenfalls fantastischen vegetarischen Haussalat nehmen werden.

Wenn Sie mal für sich überlegen, welche Ihre Werte sind, die Sie lenken – was kommt Ihnen in den Sinn? Was ist Ihnen eigentlich wichtig im Leben? Was sollten Ihrer Meinung nach alle Menschen beachten? Wonach richten Sie sich, wenn es um Ihre Arbeit, Konsum, Reisen, persönliche Entwicklung, die Familie, Umwelt, Geld, Liebe oder Anerkennung geht? Nehmen Sie gerne wieder einen Zettel oder denken Sie im Stillen drüber nach. Lassen Sie vielleicht auch mal ein paar Ereignisse Revue passieren. Über was haben Sie sich zum Beispiel zuletzt geärgert oder aufgeregt? Was ist Ihnen so wichtig, dass es in Ihrem Kalender zu finden ist oder Sie Terminerinnerungen dafür haben? Bei welchen moralischen Entscheidungen benötigen Sie sehr viel Zeit? Auf diese Weise stoßen Sie vielleicht auf Werte, die Sie bisher noch nicht klar identifiziert hatten.

Eine relativ einfache Übersicht zu dem, was Ihnen wichtig ist, erhalten Sie, wenn Sie das, was Ihnen viel bedeutet, mal auf ein Kreisdiagramm aufteilen (Abb. 3.2). Dabei kann es sein, dass Sie eine einzige Sache haben, die Ihr Leben bestimmt – oder aber zwei stets konkurrierende Themen wie Karriere und Familie – oder auch ein Hauptthema, zu dem es noch viele weitere kleine Aspekte gibt, die Ihnen etwas bedeuten. So eine Aufstellung ist natürlich nicht statisch, sondern kann sich je nach Lebensphase auch verändern. Beispielsweise kann der Stellenwert von der eigenen Karriere anfangs noch sehr hoch ausgeprägt sein, dann aber zugunsten von Freizeit und Familie weichen.

Abb. 3.2 Beispiele für Werte-Anteile im Leben. (Quelle: Eigene Darstellung)

Vielleicht fallen Ihnen zu den Notizen der Dinge, was Ihnen im Leben wichtig ist, auch ganz persönliche Wertbezeichnungen wie *Nachhaltigkeit, Weiterentwicklung* oder ähnliches ein oder Sie orientieren sich an der vorigen Auflistung. Haben Sie Werte gefunden, die Sie stark in Ihren Entscheidungen lenken, aber vielleicht nicht immer gut tun? Einige Werte sitzen sehr tief, weil sie seit Kindheitstagen, kulturell oder generationsbedingt stark in uns verankert sind. Doch auch Werte sind veränderbar. Überprüfen Sie, ob diese Lebensregeln immer noch Ihre ganz eigenen sind. Wenn Sie auch hier wissen, was Sie wollen und was Ihnen wichtig ist, wird Ihnen das Entscheiden leichter fallen. Manchmal ist das an der Oberfläche sichtbare Ziel gar nicht das Entscheidende, sondern dass wir uns selbst auf dem Weg dahin treu bleiben und unseren ureigenen Prinzipien folgen.

3.3 Inneres Team-Meeting

Doch nicht immer sind Ziele oder Werte so klar und leicht zu benennen. Wenn gefühlt ein großes Chaos in einem herrscht, braucht es zuerst einmal eine Wahrnehmung der inneren Vorgänge. Dabei kann die sehr anschauliche Methode des *Inneren Teams* (Schulz von Thun, 2013) zu mehr Klarheit verhelfen.

Die Grundidee des *Inneren Teams* besteht darin, dass jeder Mensch verschiedene Überzeugungen, Bedürfnisse und Gefühle in sich vereint. Diese werden in der Methode als Teammitglieder mit unterschiedlichen Äußerungen dargestellt, wobei jedes Teammitglied seinen eigenen Kernsatz zu einem jeweiligen Thema verlauten lässt.

Auf Entscheidungen bezogen bedeutet dies, dass wir bei einem Thema manchmal nicht schnell und leicht zu einer Lösung finden, weil sich in uns verschiedene Teammitglieder sehr unterschiedlich dazu äußern. Deren Äußerungen gilt es gemäß des Modells vorerst herauszuhören und nachzuvollziehen. In einem nächsten Schritt gilt es zu beobachten, ob vielleicht einige der Teammitglieder sehr laut, aber nicht unbedingt hilfreich sind, weil sie andere unterdrücken, deren Beitrag möglicherweise besser für uns wäre. Vielleicht melden sich auch einige Teammitglieder zu Wort, bei denen man sich fragen darf, wer ihnen eigentlich ihre Redeberechtigung erteilt hat. Das können beispielsweise Stimmen der Vergangenheit, der Eltern, Lehrerinnen oder Lehrer und Normen sein.

Stellen Sie sich vor, Julia stünde aufgrund von Gesprächen in Ihrer Beziehung mit Romeo vor dem Entscheidungsthema (Problem wollen wir es an dieser Stelle nicht nennen), ein Kind zu bekommen: Eigentlich wollte sie das schon gerne und seit langem, aber nun, wo auch er es offen angesprochen hat, ist sie sich nicht mehr ganz so sicher. Da ist sie nun! Die Chance auf Nachwuchs mit diesem Wahnsinnstypen! Aber sie spürt eine innere Zerrissenheit und weiß nicht, ob sie das nun mit ihm wagen soll oder nicht.

Vorab: Ruhig Blut. Es ist alles ganz normal. Wir verspüren oftmals erst dann heftigere Reaktionen zu einem

Thema, einem Gegenstand oder einer Person, wenn wir unmittelbar davorstehen und er, sie oder in diesem Fall es zum Greifen nah ist. Es liegt nun alles an einem selbst und ist kein Probieren-wir-es-mal mehr. Es liegt an einem selbst zu entscheiden, wie es weitergeht und wer alsbald noch eine Rolle beim Entscheiden spielen mag.

Was für Teammitglieder könnten sich nun in Julia regen? Da gäbe es zum Beispiel folgende Äußerungen, die auftauchen können:

- Oh ja, ein gemeinsames Kind! Ich freu mich riesig!
- Oha. Das kommt nun aber plötzlich…
- Wäre ich denn eine gute Mutter?
- Wir wären dann eine richtige Familie.
- Erstmal muss ich beruflich etwas erreicht haben!
- Ich bin doch noch so jung…
- Aber andererseits werde ich ja auch nicht jünger!
- Wird das Geld denn reichen?
- Ich will aber doch noch frei sein und reisen!
- Und was, wenn die Beziehung scheitert?

Solche und weitere Sätze, die die innere Zerrissenheit abbilden, könnten plötzlich auftauchen (Abb. 3.3). Diese Gedanken sind einem nicht unbedingt alle bewusst. Sie müssen schon sensibel hinhören und merken vielleicht, dass Sie sich im ersten Moment immens freuen, aber im nächsten Moment Ihre Stimmung abrupt kippt und ein „Aber-Gedanke" die Freude verklingen lässt. Dann hat vielleicht eine dominante Stimme die Oberhand übernommen und lässt die anderen nicht mehr zu Wort kommen. Achten Sie einmal auf solche Wechsel in Ihren Reaktionen, insbesondere bei Entscheidungssituationen. Eben noch erfreut, doch wie von selbst ist der Stimmungswechsel hin geschehen zu Zweifel, Misstrauen, Staunen, Angst, Wut oder Sorge.

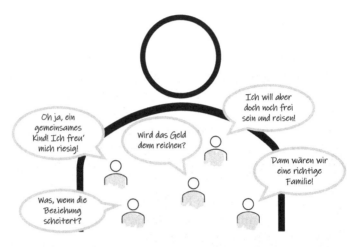

Abb. 3.3 *Inneres Team* anhand eines Entscheidungsbeispiels. (Quelle: Eigene Darstellung)

Wenn Sie das *Innere Team* mit einem eigenen Entscheidungsbeispiel durchgehen, betrachten Sie diese Äußerungen bzw. inneren Teammitglieder einmal genauer. Gibt es hier welche, die Sie eigentlich gerne lauter hören möchten? Gibt es andere, die Sie schon lange nerven, weil sie Ihnen ständig im Weg sind oder Ihnen ein Bein stellen? Nehmen Sie alle Stimmen ernst und lassen alle gleichberechtigt Ihre Meinung äußern. Einige Stimmen äußern sich erst nach einiger Zeit, vielleicht sogar erst nach einigen Tagen. Nehmen Sie sich diese Zeit und hören Sie hin.

Wenn Sie ein visueller Typ sind, malen Sie Ihre inneren Teammitglieder gerne auf. Sie selbst sind das Teamoberhaupt, das die anderen Teammitglieder koordiniert. Dazu überlegen Sie sich für jedes Teammitglied eine zentrale Aussage, wie bei der geschilderten Beispielentscheidung zum Kinderkriegen. Da gibt es in Ihnen vielleicht den Begeisterten, den Familienmenschen, den Zweifler, den Finanzcontroller und weitere Typen. Hinter diesen

Teammitgliedern und ihren Sätzen liegen oft Überzeugungen, die uns schon lange begleiten. Wenn Sie
weitergehend für sich herausfinden wollen, was genau
dahinter steckt, fragen Sie sich bei jeder Äußerung der
Teammitglieder: Warum ist das wichtig? Was steckt
dahinter? Bei der Äußerung „Was würden bloß die Eltern
sagen?" könnte die Antwort lauten „Weil man Angst
hat, von den Eltern nicht gemocht oder unterstützt zu
werden." Der Satz „Wird das Geld denn reichen?" kann
dafür stehen, dass Sie das Geld zum Beispiel für Ihre
Altersvorsorge oder allgemein für den Lebensunter-
halt benötigen. Oder dass Sie sich als Paar über die
Finanzen austauschen und die beruflichen Situationen
neu arrangieren müssen. Das wiederum steht für das
Bedürfnis nach Sicherheit, sodass keine Existenzsorgen
bestehen. Das stetige Nachfragen kann soweit geführt
werden bis Sie für sich erkennen, worum es Ihnen wirklich geht. Der Kreis zu den in den vorigen Unterkapiteln
angesprochenen Zielen und Werten schließt sich an dieser
Stelle. Das *Innere Team* kann Ihnen also nicht nur bei
Einzelentscheidungen eine Hilfe sein, sondern auch dabei,
Ihre ganz persönlichen Ziele und Werte im Allgemeinen
besser zu erkennen.

In Bezug auf das vorgestellte Beispiel ließe sich mittels
der Methode des *Inneren Teams* so heraushören, worum
es Ihnen persönlich geht. Dabei sind die Antworten
natürlich abhängig von Ihren inneren Teammitgliedern
und deren Sätzen. Sie selbst entscheiden, auf wen davon
Sie stärker oder weniger hören möchten und können die
Regie für Ihr *Inneres Team* in die Hand nehmen. Wer
Ihnen von Ihren Teammitgliedern im Weg steht, dem
stellen Sie das Mikrofon leiser; wer sich aber vielleicht
irgendwo versteckt, den holen Sie gegebenenfalls hervor,
um zu verstehen, worum es geht. Wenn Sie sicher sind,
alle gehört zu haben, dürften Sie den Voraussetzungen für

eine gute Entscheidungsfindung wesentlich näher sein. Sie wissen nun, was Ihnen persönlich etwas bedeutet, worauf Sie besonderen Wert legen und worüber Sie nochmal nachdenken müssen. Für unser Beispiel kann dies bedeuten, dass Sie ein paar Tage oder in diesem Fall auch noch ein paar Wochen bis Monate Bedenkzeit brauchen, um bei diesem wichtigen Thema vielleicht nicht übereilt zu entscheiden und alle Stimmen in Ihnen wahrzunehmen.

Fazit

Wenn Sie wissen, wohin Sie wollen, werden Ihnen viele Entscheidungen leichter fallen. Was wir *nicht* wollen, fällt uns oft leichter zu benennen als das, was es sein soll. Nehmen Sie sich die Zeit, um Ihre Ziele zu klären und gegebenenfalls eine Zielcollage für das große Ganze anzufertigen. Finden Sie einen Platz, wo Sie diese regelmäßig sehen und sich selbst an Ihren Weg erinnern. Dabei denken Sie auch an die Ereignisse, die Ihnen im Weg stehen könnten, und planen Sie ein, wie Sie damit umgehen werden. Auf einem guten Weg ist die Achterbahn ja auch, aber vielleicht wollen Sie ja etwas geradliniger ans Ziel kommen.

Neben Ihren konkreten Zielen betrachten Sie auch Ihre persönlichen Werte, an denen Sie sich orientieren. Achten Sie auf das, was Ihnen wichtig ist im Leben. Wenn Sie nach bestimmten Werten leben, richten Sie konsequenterweise auch Ihre Entscheidungen danach aus. Hinterfragen Sie dabei ruhig, ob das Ihre eigenen persönlichen Werte sind oder ob es sich vielleicht um Relikte einer längst vergangenen Zeit handelt, die gar nicht mehr zu Ihnen gehören. Nehmen Sie die verschiedenen Gedanken und Gefühle in Ihnen wahr, um sie gegebenenfalls neu und nach Ihrem *eigenen* Wertesystem zu ordnen. Die Methode des *Inneren Teams* kann dabei helfen, auf die verschiedenen inneren Stimmen zu einem Thema zu hören, um so herauszufinden, was Ihnen das Entscheiden schwermacht oder welche Bedenken Sie vielleicht nicht ausreichend berücksichtigt haben.

Literatur

Carroll, L. (1994). *Alice's adventures in Wonderland*. Penguin. [1865]

Frey, D., Henninger, M., Lübke, R., & Kluge, A. (2016). Einführung und konzeptionelle Klärung. In D. Frey (Hrsg.), *Psychologie der Werte*. Springer. https://doi.org/10.1007/978-3-662-48014-4_1.

Marquardt, M.K., Oettingen, G., Gollwitzer, P.M., Sheeran, P., & Liepert, J. (2017). Mental contrasting with implementation intentions (MCII) improves physical activity and weight loss among stroke survivors over one year. *Rehabilitation Psychology, 62*(4), (S. 580–590). https://doi.org/10.1037/rep0000104.

Oettingen, G., Mayer, D., Sevincer, T. A., Stephens, E. J., Pak, H. J., & Hagenah, M. (2009). Mental contrasting and goal commitment: The mediating role of energization. *Personality and Social Psychology Bulletin, 35*, 608–622.

Schulz von Thun, F. (2013). Der Mensch als pluralistische Gesellschaft. Das Modell des Inneren Teams als Haltung und Methode. In F. Schulz von Thun & W. Stegemann (Hrsg.), *Das Innere Team in Aktion* (7. Aufl., S. 15–32). Rowohlt Taschenbuch Verlag.

Schwartz, S. H. (1992). Universals in the content and structure of values: theoretical advances and empirical tests in 20 countries. *Advances in Experimental Social Psychology, 25*, 1–65.

4

Alles oder nichts

Freie Wahl ist gut und schön, aber für welche der vielen Optionen, die einem oft angeboten werden, soll man sich entscheiden? Wieso kann man nicht auch die anderen Dinge haben? Wie soll man sich vor allem dann festlegen, wenn alle verfügbaren Optionen nur so mittelprächtig bis schlecht sind? Menschen lassen sich wunderbar ärgern, indem man ihnen nur wenige Wahlmöglichkeiten lässt, nur äußerst mittelmäßige anbietet oder sie mit einer viel zu großen Palette an Optionen überfrachtet. In jeglichen Fällen müssen wir lernen loszulassen und uns bestenfalls zu entscheiden, um zufrieden zu sein. Dabei gilt es, den nicht gewählten Optionen nicht ewig hinterher zu trauern.

© Der/die Autor(en), exklusiv lizenziert durch Springer-Verlag GmbH, DE, ein Teil von Springer Nature 2021
C. Flaßbeck, *Easy entscheiden,*
https://doi.org/10.1007/978-3-662-63511-7_4

4.1 Optionen

Einige Entscheidungsprobleme liegen nicht nur darin, dass man sich komplizierte Gedanken machen und das Problem künstlich vergrößern kann, sondern weil einfach jede erkennbare Option inakzeptabel ist. Dies kann der Fall sein, wenn man zwei Optionen zu einem Entscheidungsproblem gefunden hat, die zwar beide das Problem bedienen, aber es nicht zufriedenstellend lösen oder nur mit unerwünschten Nebeneffekten.

So kann es sein, dass man bei einem Entscheidungsproblem ein sogenanntes *Dilemma* vor sich hat. Die Folge einer möglichen Entscheidung für Option A würde ähnlich schlecht eingestuft werden wie die von Option B. Dies liegt darin begründet, dass beide Optionen potenzielle Kollateralschäden mit sich ziehen, die einem nicht sonderlich behagen. Eine sehr dramatische Variante solch eines Dilemmas liegt vor, wenn als Konsequenz Ihrer Entscheidung jemand Drittem geschadet werden würde. Dieses grundsätzliche Entscheidungsproblem wird in der Philosophie gerne angeführt, wenn es um die Frage von Moral und Ethik geht. Ein bekanntes Beispiel lautet ungefähr so:

Mehrere Gleisarbeiter sind in ihre Arbeiten vertieft, während sich ihnen unbemerkt in hohem Tempo ein Zug nähert und geradewegs auf sie zusteuert. Sie, geschätzte Leserin oder Leser, sind die einzige Person, die das Szenario oben von der Brücke aus erkennt und helfen könnte. Die einzige Möglichkeit, die Gleisarbeiter zu retten, läge darin, einen am Brückengeländer stehenden, schwergewichtigen Mann als lebenden Bremsklotz einzusetzen. Was würden Sie tun? Würden Sie ihn aufs Gleis schubsen, könnte der Zug gestoppt und die Gleisarbeiter gerettet werden. Unternehmen Sie nichts, würden die Gleisarbeiter sterben.

Die zentrale Frage zu diesem Beispiel lautet: Darf man ein Menschenleben opfern, wenn man dafür mehrere andere retten kann? Es veranschaulicht uns deutlich, dass es manchmal schwierig, wenn nicht gar unmöglich sein kann, sich *richtig* zu entscheiden. Diese Art von ethischen und moralischen Fragen wird in zahlreichen Abhandlungen detailliert beleuchtet und soll an dieser Stelle nur andeuten, wie vielfältig und komplex das Thema ist.

Aber auch im Alltag haben wir Entscheidungsoptionen vorliegen, die uns so erscheinen, als hätten wir nur die Wahl zwischen Pest und Cholera, wie man so schön sagt. Wir halten in so einem Fall beide sichtbaren Entscheidungsoptionen für schlecht oder falsch. Im realistischeren Anwendungskontext betrachtet können einem folgende Dilemmata begegnen: Eine Führungskraft muss jemanden aus dem Team entlassen und sich zwischen zwei gleich guten Beschäftigten entscheiden. Oder: Sie brauchen dringend eine neue Hose und stehen vor zwei völlig überteuerten und qualitativ mittelmäßigen Alternativen.

In diesen und ähnlichen Fällen können Sie berechtigt gut und gerne den Kopf schütteln und sagen: „Hier fällt mir die Entscheidung schwer! Jedwede Option entspricht nicht dem, was ich in Erwägung gezogen hätte." Einige Konsequenzen von Entscheidungen können so unliebsam sein, dass wir ihretwegen die Entscheidung gar nicht erst treffen möchten. Und manche Optionen sind derart unattraktiv, dass uns die Wahl einer von ihnen als ein größeres Übel erscheint, als wenn wir gar nicht entscheiden würden. Dies zu wissen und zu akzeptieren, ist ein wichtiger Schritt auf dem Weg zu mehr Gelassenheit mit gewissen Entscheidungsproblemen.

Kritisch betrachtet stellt sich manchmal auch die Frage, ob in so einer vermeintlich ausweglosen Situation wirklich alle möglichen Optionen erfasst wurden. Und ob tatsächlich *jetzt* zwischen diesen miesen Optionen entschieden werden muss. Nun, in einigen Fällen gewiss, denn der Zug ist nämlich sonst wortwörtlich abgefahren (oder auch über wen drüber). Aber eben nicht in jedem Fall drängt eine sofortige Entscheidung, wenn die Optionen ein Dilemma darstellen.

Wenn Sie zwei Optionen sehen, von denen Ihnen keine gefällt,

- fragen Sie sich ernsthaft, ob das wirklich *jetzt* entschieden werden muss,
- ob es keine *weitere* Option gibt,
- ob die Entscheidung *so oder so* für eine Partei zum Nachteil wird,
- und ob Sie das sich oder anderen gegenüber so verantworten können.

Zugegeben, die Sache mit der geschmacklosen Hose ist da ein Entscheidungsproblem à la Jammern auf hohem Niveau, aber wenn es um Existenzen, Beziehungen oder sonstige folgenschwere Entscheidungen geht, sollte ein Ausweg bedacht werden. Haben Sie hingegen keinerlei Wahl und *müssen* jetzt entscheiden – und alle Optionen sind gleich gut wie schlecht – werden die noch folgenden Themen zu Zufallsentscheidungen, den Umgang mit Reue, das Loslassen und auch mal *nicht* zu entscheiden für Sie von Interesse sein.

Ein anderes Entscheidungsdilemma kann auftauchen, wenn bei Entscheidungsfragen wichtige Informationen fehlen. Ohne entsprechende Informationen können wir teilweise gar nicht um die möglichen Konsequenzen wissen.

Nehmen wir an, Sie sollen sich zwischen zwei Optionen entscheiden, sagen wir mal zwischen zwei Gerichten in einem Restaurant eines Landes, das Sie noch nie zuvor besucht haben. Sie haben keine Ahnung, was sich hinter dem Namen der Gerichte verbirgt. Auf welcher Grundlage sollen Sie wählen? Auf Grundlage des Namensklangs? Oder was als erstes oder zweites genannt wurde? Klar, das können Sie machen und sich auf die Überraschung freuen. Aber wenn Sie z. B. wegen einer Lebensmittelunverträglichkeit oder weil Sie sich fleischlos ernähren, wissen wollen, was sich hinter dem Gericht und vor allem darin verbirgt, müssen Sie die Entscheidung anders fällen. Ähnliches gilt für die Auswahl eines neuen Wagens, wenn Sie sich noch nie damit beschäftigt haben oder generell für die Entscheidung zwischen zwei Marken eines Produkts. Wenn die Konsequenzen Ihrer Entscheidung wichtig für Sie sind, brauchen Sie gegebenenfalls weitere Informationen, um diese Entscheidung zu treffen. Und jeder, der Sie in so einer Entscheidungssituation unter Druck setzen oder Ihnen vormachen will, dass es *nur so* geht und Sie nur diese beiden Möglichkeiten haben – und das alles genau *jetzt* entscheiden müssen – den sollten Sie kritischen Blickes betrachten und hinterfragen, was die Absicht dieser Person ist. Nehmen Sie sich einen Augenblick Zeit und fragen Sie sich, was Ihnen die Entscheidung so schwer macht.

Möglicherweise verspüren Sie einen Druck, dass Sie genau jetzt entscheiden müssen und dass Sie nur zwischen diesen beiden Möglichkeiten wählen können? Es gibt in den seltensten Fällen die Notwendigkeit sofort zu entscheiden. Es gibt grundsätzlich meist mehr Zeit und oftmals noch mehr Optionen als Sie spontan annehmen. Sie tun gut daran, sich weitere Informationen einzuholen, wenn Sie zwischen verschiedenen Optionen schwanken, weil Sie die Bedeutung bestimmter Merkmale der Entscheidungsoptionen gar nicht kennen und somit auch mögliche Konsequenzen nicht oder zumindest nicht korrekt einschätzen können.

By the way: Wenn Sie z. B. zwei Optionen vor sich haben und Ihnen keine davon so richtig behagt, machen Sie doch mal die Sonderwunschliste auf. Bestellen Sie in einem Restaurant eine der Optionen beispielsweise mal ohne Tomaten, mit extra Knoblauch, die Soße nur am Rand und die Beilage nicht gewürfelt, sondern in Scheiben. Auch so lassen sich schlechte Optionen verändern! Sie müssen dazu *nur* wirklich wissen, was *Sie* wollen und einfach Ihre Lieblingsoption kreieren, wenn die anderen das noch nicht für Sie gemacht haben.

4.2 Widerstand vorprogrammiert

Für einen besseren Umgang mit Verzicht hilft es loslassen zu können – um frei zu sein für das, was man wählt, weil man sonst am Ende gar nichts hat. Menschen reagieren auf eine eingeschränkte Auswahl mit Widerstand. Sprich: Sie finden das blöd und äußerst ungerecht und sind dadurch motivational erregt (Brehm, 1966). Diese Reaktion ist quasi als „Lebenseinstellung" bei Kleinkindern und Jugendlichen vorzufinden, wobei wir da ja wissen oder hoffen, dass das wieder vorbeigeht. Doch mitnichten! Auch jene, die ihre eigene Pubertät überlebt haben, wissen, dass es auch später situativ bedingt immer wieder zu reaktanten Reaktionen kommen kann.

Stellen Sie sich einen einfachen Fall von Entscheidungsproblematik im Supermarkt vor. Auf der Einkaufsliste steht Seife. Folgendes Szenario:

Sie finden sich vor einem vier Meter breiten und zwei Meter hohen Regal mit einer Armada an flüssigen, eckigen, festen, schaumigen, nach Pfirsich, Vanille oder Testosteron riechenden Seifenvarianten wieder. Alle auf unterschiedlichem Preisniveau, manche mit Ökosiegel, Fair Trade oder einfach als Superschnäppchen. Einige

Namen der Produkte erkennen Sie wieder. Andere sind Ihnen fremd, sehen aber sehr ansprechend verpackt aus. Zusätzlich zur gigantischen Produktpalette finden Sie in diesem Gang einige Menschen, die leise vor sich hin altern, weil sie keine Entscheidung treffen können.

Ein Zuviel an Wahlmöglichkeit kann den Menschen immens stark belasten, weil er derart viele Optionen berücksichtigen und unter ihnen wählen muss *(choice overload)*. Die „richtige" Wahl fällt aus Furcht vor einer Fehlentscheidung schwer und die vielen nicht ausgewählten Optionen bedeuten einen großen Verzicht.

Da kann ein leicht modifiziertes Szenario beim Seifenkauf direkt helfen. Stellen Sie sich ein ähnlich bestücktes Regal wie gerade beschrieben vor: ein reichhaltiges Angebot, das die Entscheidung erschwert. Doch halt! Sie entdecken, dass das Regalfach einer Seifensorte schon fast leer gekauft ist und nur noch wenige Exemplare verfügbar sind! Ihr Interesse ist geweckt. Die geringe Verfügbarkeit des Produkts lässt Sie darauf schließen, dass dieses Produkt beliebt ist und infolgedessen eben schon verknappt. Ehe Ihnen jemand die restlichen drei Packungen Seife vor der Nase wegschnappen kann, greifen Sie lieber schnell zu. Puh – Glück gehabt!

Der Mensch mag es tendenziell nicht sonderlich gerne, wenn seine Wahl eingeschränkt wird und er durch seine Entscheidung für etwas immer auch auf etwas anderes verzichten muss. In jedem Fall reagiert er auf eine Einschränkung der Wahlmöglichkeiten mit Widerstand und auf die reine Verknappung von Produkten mit dem Wunsch, sie besitzen zu wollen (Cialdini, 2017). Das Gut scheint selten zu sein, daher ist es automatisch wertvoller und wird zum Objekt der Begierde. Diesen Mechanismus kennen wir auch bei der Partnerwahl. Buhlen sehr viele Interessierte um ein und dieselbe Person, so scheint diese ebenfalls zu „verknappen". Produkte, Ereignisse oder

Menschen, deren Verfügbarkeit knapp ist, stechen genau dadurch hervor. Dabei kann es sein, dass man keines dieser knappen Angebote benötigt – doch es scheint so, als wären sie lohnenswert oder gar die beste Wahl.

Bei Verknappung fällt es dem Menschen leichter, schnell eine Entscheidung zu treffen. In der Regel wird in der Entscheidungsliteratur vor genau diesem Mechanismus gerne gewarnt (Cialdini, 2017; Dobelli, 2011), da der Mensch derart getriggert auch für ihn unvorteilhafte Entscheidungen treffen kann. Nicht alles, wovon wenig im Regal liegt oder beim Online-Shop angeblich nur noch in geringer Stückzahl verfügbar ist, ist natürlich wirklich knapp. Das werden Sie vielleicht auch schonmal vermutet haben, wenn beim mehrmaligen Aufruf einer Buchungsseite für Flüge, Reisen oder Hotels plötzlich nur noch wenige freie Plätze oder Betten und sogar höhere Preise angezeigt wurden.

Aber lenken wir unser Augenmerk doch einmal auf den *Nutzen,* den dieser Mechanismus für die Entscheidungsfindung hat. Da, wo etwas nur in kleiner Anzahl oder Auswahl vorhanden ist, fällt es uns leichter, eine Entscheidung zu fällen. Wäre es dann nicht logisch, in unseren eigenen Entscheidungssituationen künstliche Verknappung zu erzeugen? Erinnern Sie sich an das Beispiel mit der Kleidung und den vielen Kombinationsmöglichkeiten. Barack Obama hat das Thema clever gelöst und im Grunde aus seinen Entscheidungsaufgaben herausgenommen, indem er eine universelle Entscheidung dazu getroffen hat. Wie wäre es denn mit der Idee, die Auswahl soweit zu reduzieren, dass viele der tagtäglichen Entscheidungsfragen gar nicht auftauchen können? Trennen Sie sich von qualitativ minderwertigen Teilen oder von denen, die Sie nur höchstens einmal im Jahr tragen (vom Outfit für besondere Festivitäten vielleicht mal abgesehen). Sie werden sehen, es macht gleich vieles leichter, wenn die Auswahl reduziert wurde. Denn aus den Augen, aus dem Sinn – und somit auch raus aus der langen Liste an Optionen, über die Sie nachgrübeln müssen.

Sie haben nun selbstredend nicht auf all Ihre Entscheidungssituationen einen Einfluss, sodass in Ihrem Supermarkt leider nicht nur noch Ihre Lieblingsseife angeboten wird. Aber Sie könnten hier beispielsweise eine Universalentscheidung fällen und *einmal* in Ihrem Leben definieren, nach welchem Prinzip Sie Seife kaufen. Gibt es eine, die gut ist für Ihre Haut? Sind Ihnen Nachhaltigkeit, Inhaltsstoffe und Verpackung wichtig? Ist Ihnen alles egal, Hauptsache sie ist günstig? So könnten auch Sie dieses Problem reduzieren und nach einer letztmaligen Entscheidung einfach nie wieder darüber nachdenken.

Wer keine Qual mit der Wahl beim Seifenkauf oder seiner Bekleidung hat, findet analog hierzu vielleicht in anderen Bereichen einen Anwendungsbezug. Sei es bei der Anzahl an Marmeladen, Aufstrichen, Käsesorten, Shampoos oder Cremes, Accessoires, Freizeitgestaltung etc. Und noch weiter gedacht: Nicht nur Objekte, sondern auch Personen und Ihre Beziehungen zu jenen sowie Aktivitäten, wie z. B. Ihre Hobbies, können hierzu zählen. Einige Menschen wissen zuweilen nicht, was sie in ihrer freien Zeit unternehmen sollen. „Ich kann mich nicht entscheiden, was ich mit dem freien Wochenende machen soll!" Dies fußt bei einigen darauf, dass sie sonst eher selten frei haben und keine Hobbies oder engen Freundschaften pflegen. Bei anderen wiederum darin, dass sie sehr viele Kontakte pflegen möchten und dazu noch ein buntes Potpourri an Hobbies haben – und für alles und jeden aber einfach nie genug Zeit da ist. Zumindest nicht so, dass man mit jedem eine tiefe und enge Freundschaft hat – und entsprechend auch nicht jedes Hobby auf Profilevel betreiben kann. Auch hier kann es erleichternd sein, sich zu entscheiden und einen Schwerpunkt zu setzen: auf wenige besondere Menschen, mit denen man Zeit verbringt und engere Beziehungen aufbaut, und auf wenige Hobbies, die man um so intensiver pflegt. So wird dann auch die Entscheidung leichter fallen, was mit der freien Zeit anzufangen ist, weil der vorige Widerstand ob der Unmenge an Optionen jetzt entfällt. Sie haben aktiv Ihre Freundesliste und die Flut an Aktivitäten entrümpelt. Das muss ja nicht heißen, dass man bestimmte Personen nie mehr sehen kann. Aber vielleicht weniger häufig oder kürzer oder es schleicht sich womöglich ganz aus. Und das gleiche gilt auch für Aktivitäten.

Aber hier kommt es natürlich auch darauf an, was Sie für ein Typ sind. Wollen Sie auf allen Hochzeiten tanzen? Wollen Sie unbedingt immer alles und jeden haben und behalten? Dann ist der Preis dafür der, dass Sie sich immer entscheiden und priorisieren und damit leben müssen, dass das, was Sie nicht wählen, zu kurz kommt. Mehr Auswahl heißt immer auch mehr Verzicht und Unzufriedenheit. Und in der langen Zeit, die Sie mit Auswählen und Umentscheiden verbringen, hätten Sie schon längst zufrieden Ihr Leben leben können. Ein neues Problem kann für einige entstehen, wenn Sie so entscheidungsunfreudig sind, dass Ihnen auch eine auf nur *zwei* Optionen reduzierte Entscheidungssituation Schwierigkeiten bereitet, wenn beide Optionen wirklich *gleich gut* sind (Ariely, 2008). Dann kann Ihnen hoffentlich eine der anderen Methoden dieses Buches helfen oder aber der Gedanke, dass Sie letzten Endes nie etwas haben oder weiterkommen werden, wenn Sie nicht schlussendlich eine Option wählen; dass Sie vielleicht die jetzt nicht gewählte Option ja vielleicht später noch einmal wählen können; dass es allen Menschen so geht, dass sie irgendwann auf etwas verzichten müssen im Leben – aber schauen Sie nicht auf das, was Sie loslassen, sondern auf *das,* was Sie *wählen.*

Eine Lösung bei einer Übermenge an Auswahl bietet die sogenannte *Take-the-best-Heuristik* (Gigerenzer, 2008). Sie entscheiden sich unmittelbar für die Option, die sich in einem der für Sie wichtigsten Kriterien von den anderen Optionen unterscheidet (Abb. 4.1). Und dann hören Sie sofort auf. Stop. Entschieden und Ende.

Nehmen wir an, Sie gehen in ein Restaurant und haben keine spezielle Vorstellung von dem, was Sie essen wollen. Die Speisekarte ist reichhaltig und es ist Ihnen fast egal, was Sie gleich essen. Nur folgendes wäre Ihnen wichtig: Es soll unter 15 € kosten, warm sein und Sie haben heute Lust auf Pommes oder Reis. Sie betrachten die Karte und finden Essen A und B spontan ansprechend. Beim Vergleich mit Ihren Kriterien sind beide Gerichte gleich gut (unter 15 €), beide sind warm (Grill oder Pfanne), aber nur Gericht B bietet Ihnen die freie Beilagenwahl: Zack! Fertig entschieden. Was sonst noch alles an Informationen dabeisteht, können Sie nun zwar auch noch berücksichtigen, aber wozu? Fangen Sie doch lieber zeitnah an zu essen.

Abb. 4.1. Auswahl mit der Methode *Take-the-best.* (Quelle: Eigene Darstellung)

4.3   Nothing to regret

Wenn Sie entschieden haben, haben Sie entschieden. Nichts ist schlimmer, als nach dem entscheidenden Schritt unglücklich zu sein und zu bedauern oder zu bereuen. Wie man in Düsseldorf sagt: „Du kannst nicht beides haben: Eine dicke Frau im Bett und trotzdem Platz zum Schlafen". Das kommt natürlich auf Ihr Bett an, aber soll heißen, dass wir im Leben nicht alles haben können, was wir uns wünschen. Ja, tut mir leid, das so zu sagen. Die Entscheidung *für* etwas, ist oft auch die Entscheidung *gegen* etwas anderes. Zumindest im ersten Augenblick. Denn bei einigen Entscheidungen ist es durchaus möglich, dass zwar *jetzt* in diesem Moment eine Wahl erfolgen muss, aber d. h. nicht, dass Sie nicht *später* die nicht gewählte Alternative *auch noch* wählen können. Dabei sprechen wir nun nicht unbedingt von Beziehungsentscheidungen, wobei Sie ja auch hier sehen können, dass man sich auch mehrfach im Leben den Bund fürs ganze Leben versprechen und dann eben auch wieder auflösen kann. Sie müssen sich im wahrsten Sinne des Wortes nur trauen. Und ich kann mir vorstellen, dass zum jeweiligen Zeitpunkt des bejahenden Zuspruchs die jeweiligen Parteien zumeist sehr sicher waren, dass dies nun auch die wahrlich richtige Entscheidung bis zum Ende sei. Damit kommen wir zu einem weiteren Punkt des Entscheidens und Bereuens: Sie wissen einfach nicht, was kommen wird. Sie können jetzt auf Basis Ihrer Datenlage, Ihrer Gefühle, Ihrer Erfahrung und Hoffnung entscheiden. Doch das ist keine Garantie dafür, dass Sie nicht irgendwann bald anders darüber denken und fühlen und was anderes wollen. Entscheiden heißt manchmal auch einfach mutig sein und es wagen. Auch mit dem Restrisiko, dass es schiefgehen könnte.

Es ist hilfreich, nachsichtig mit sich selbst zu sein. Selbstredend sind Entscheidungen im Rückblick betrachtet auch mal als falsch oder schwachsinnig zu werten. Aber hey! Sie konnten es zu dem Zeitpunkt, als Sie entschieden haben, vielleicht nicht besser wissen. Und im Nachhinein sind ja alle immer schlauer und wollen es von Vornherein gewusst haben (Rückschaufehler; *hindsight bias*). Blicken Sie wohlwollend auf sich selbst zurück und gestehen sich ein, dass Sie es zu dem Zeitpunkt und in der jeweiligen Situation eben nicht besser wussten oder nicht besser machen konnten. Und selbst wenn – es ist so passiert und Sie können das, was vergangen ist, nicht wieder ausradieren. Aber daraus lernen, das ist möglich. Wenn etwas nicht so glücklich gelaufen ist, wenn eine Entscheidung fatale Konsequenzen hatte, wenn Sie irre viel Zeit verplempert haben, weil Sie mal wieder keine Entscheidung fällen konnten – dann können Sie mit Ihrem heutigen Ich darauf blicken und entscheiden, dass Sie das *so* z. B. *nicht* nochmal machen werden. Auf die heiße Herdplatte fassen die meisten Menschen auch nur einmal. So sind viele Verhaltensweisen aus Lernprozessen entstanden (Bak, 2019), die es uns auch ermöglichen, unsere Entscheidungsmuster zu verlernen und sie mit neuen zu überschreiben.

Wenn Sie schon vor dem Entscheiden feststecken, hilft Ihnen vielleicht die *10–10–10-Methode,* um ein mögliches Bedauern der Entscheidung aufzudecken. Stellen Sie sich vor, dass Sie sich für eine Ihrer Optionen bereits entschieden hätten, und beantworten dann folgende Fragen:

- Wie werde ich in 10 Minuten über diese Entscheidung denken?
- Wie werde ich in 10 Wochen über diese Entscheidung denken?
- Wie werde ich in 10 Jahren über diese Entscheidung denken?

Sollten Sie schon entschieden haben, aber leiden im Nachhinein unter ständigem Grübeln oder bedauern vielleicht die Entscheidung, können Sie ebenfalls die obigen Fragen bedenken. Wie langfristig sind die Konsequenzen Ihrer Entscheidung wirklich? Vielleicht ist die Bedeutung wesentlich kurzfristiger als vorerst befürchtet.

Fazit

Häufiger als gedacht haben Sie mehr als nur zwei mittelmäßige Optionen vorliegen. Suchen Sie weiter nach anderen Lösungen oder kreieren Sie dort Ihre eigene Option, wo Ihr Wunsch nicht angeboten wird. Wenn dennoch zum jetzigen Zeitpunkt nur Unbefriedigendes vor Ihnen liegt, dann fragen Sie sich, ob es denn wirklich *jetzt* entschieden werden muss?

Wer wählt, verliert zum Zeitpunkt der Entscheidung auch die anderen Optionen. Aber auch das muss nicht für immer so sein. Sie können heute Vanille und morgen Schoko an der Eisdiele bestellen. Selbst mehrere Ehen sind möglich. Und ansonsten gilt natürlich: Nein! Sie können nie und nimmer alles haben, was es auf der Welt gibt. Doch müssen wir ja auch nicht alles besitzen oder selbst erlebt haben. Es ist schön zu wissen, dass es viele interessante Dinge, Menschen, Ideen gibt – suchen Sie sich auf jeden Fall etwas Schönes für sich selbst davon aus. Und erfahren Sie vielleicht von anderen, was die gemacht und gewählt haben. Das macht es doch spannend im Leben, dass wir uns über die Verschiedenheiten austauschen können. Bereuen Sie Ihre Entscheidungen nicht, indem Sie den nicht gewählten Optionen hinterhertrauern. Es wäre schade um Ihre Zeit und den Genuss Ihrer Wahl. Naja, und falls Sie nun doch mal einer nicht gewählten Alternative arg hinterhertrauern: Suchen Sie das Gute an Ihrer Entscheidung und machen Sie die nicht gewählte Alternative runter – irgendetwas Schlechtes daran sollte sich doch finden lassen!

Literatur

Ariely, D. (2008). *Denken hilft zwar, nützt aber nichts*. Droemer.

Bak, P. M. (2019). *Lernen, Motivation und Emotion: Allgemeine Psychologie II – das Wichtigste, prägnant und anwendungsorientiert*. Springer.

Brehm, J. W. (1966). *A theory of psychological reactance*. Academic Press.

Cialdini, R. B. (2017). *Die Psychologie des Überzeugens* (8. Aufl.). Hogrefe.

Dobelli, R. (2011). *Die Kunst des klaren Denkens: 52 Denkfehler, die Sie besser anderen überlassen*. Hanser.

Gigerenzer, G. (2008). *Bauchentscheidungen: Die Intelligenz des Unbewussten und die Macht der Intuition* (15. Aufl.). Wilhelm Goldmann Verlag.

5

Morgen ist auch noch ein Tag

Manche Entscheidungen müssen wir schnell fällen, sodass wir unter Druck geraten können, zum Beispiel im Straßenverkehr oder bei (angeblich) befristeten Angeboten. Meistens jedoch ist ausreichend Zeit für eine Entscheidung vorhanden. Nur tun wir uns so lange so schwer damit, dass letztlich wieder kaum Zeit bleibt, etwa weil eine Frist abläuft oder der passende Moment vergeht. In solchen Situationen kann fehlende Zeit ein Nachteil sein. Allerdings gibt es auch Situationen, in denen ein Abwarten beim Entscheiden sogar nützlich ist. Diese besonderen Fälle betrachten wir im Folgenden.

5.1   Die Kunst des Aufschiebens

Das schöne Wort Prokrastination ist bei vielen schon kein Fremdwort mehr. Wer bislang nichts damit zu hatte: Es handelt sich um die umgangssprachlich genannte

© Der/die Autor(en), exklusiv lizenziert durch Springer-Verlag GmbH, DE, ein Teil von Springer Nature 2021
C. Flaßbeck, *Easy entscheiden*,
https://doi.org/10.1007/978-3-662-63511-7_5

Aufschieberitis, die im Allgemeinen negativ bewertete Tendenz, bei der unliebsame Aufgaben zeitlich nach hinten geschoben werden. Also die Steuersachen zum Beispiel, das Fensterputzen, den Luftdruck beim Auto prüfen, das Telefonat mit der redseligen Großtante, beim Chef eine Gehaltserhöhung einfordern… das wären so typische Aufgaben zum Prokrastinieren.

Prinzipiell ist das Prokrastinieren erstmal nicht schlimm. Bei einigen Menschen führt diese Vorgehensweise sogar zu einer gesteigerten Produktivität, da sie bei entsprechendem Aufschieben der Aufgabe dann nur noch ein eingeschränktes Zeitfenster zur Verfügung haben, um die Aufgabe effizient zu erledigen. Das hat zweifach Gutes: 1. Man verbringt aufgrund des künstlich erzeugten Zeitmangels auch weniger Zeit mit der leidigen Aufgabe. Und 2. Man konzentriert sich zwangsläufig effektiv auf das Wesentliche. So handelt man ergo auch noch stark lösungsorientiert, um diese Aufgabe schnellstmöglich wieder los zu sein. Das Leben ist schließlich zu kurz, um zu viel Zeit mit unliebsamen Dingen zu verbringen.

Das Aufschieben von Entscheidungen kann also auch sein Gutes haben, weil dadurch die Zeit zum Grübeln und Zweifeln verknappt wird. Zumindest dann, wenn Sie in der Lage sind, Dinge so meisterlich zu verdrängen, dass Sie nicht laufend daran denken. Falls Sie das nicht schaffen, dann sollten Sie die Prokrastination doch eher bekämpfen und früher ans Werk gehen.

In der Regel gilt, dass irgendwann auch die Entscheidung zu einem unliebsamen Thema getroffen werden muss. Doch aufgepasst: An dieser Stelle gibt es zwei grundsätzlich unterschiedliche Herangehensweisen, nämlich a) entweder das künstlich erzeugte knappe Zeitfenster produktiv zu nutzen – oder b) alternativ gar keine Entscheidung mehr zu fällen. Möglicherweise war es dann vielleicht ohnedies nicht wirklich wichtig, überhaupt eine Entscheidung zu treffen.

Wer das Gefühl hat, eigene Entscheidungen öfters hinauszuzögern und sich beispielsweise nötige Informationen dazu zu spät einzuholen, könnte sich fragen, wozu dieses Vorgehen nützlich ist? Klar ist: Sie schieben das Unliebsame lange vor sich her und gestalten Ihre Zeit angenehmer. Chapeau, das ist das beste Argument und wird in vielen Trainings auch unter dem Label „Achtsamkeit" verkauft. Sie leben im Hier und Jetzt und prokrastinieren die Unannehmlichkeiten in die ferne Zukunft – also haben Sie auch *jetzt* nichts damit am Hut. Doch wenn Sie darunter leiden, weil Sie Ihre Entscheidungen gestresst in letzter Minute, qualitativ schlecht oder vielleicht gar nicht treffen, ist das Aufschieben womöglich keine gute Vorgehensweise für Sie, sondern nur eine Vermeidungsstrategie mit negativen Konsequenzen.

Schwierige Aufgaben erscheinen als umso unüberwindbarer und größer in der individuellen Wahrnehmung, wenn man sie länger vor sich herschiebt. Sie wissen, dass Sie Ihre Steuererklärung noch machen müssen, aber Sie tun es nicht. Dennoch ist der Gedanke daran vorhanden und Ihr cleveres Smartphone oder die smarte Steuerberaterin erinnern Sie daran. So versalzen Sie sich im Grunde Ihre schöne – eigentlich – freie Zeit, die Sie mit der Bürde des noch nicht Erledigten beschwert mit etwas anderem verbringen.

Hier soll es aber weniger um das Überwinden des eigenen Schweinehundes gehen als vielmehr darum, dass das Aufschieben von unliebsamen Entscheidungen den Prozess an sich und das Thema auch nicht verschönern. Wäre es nicht erstrebenswerter, den erwünschten Zielzustand schon viel früher zu erreichen – und die Belastung früher loszuwerden?

Die Entscheidung, sich beispielsweise von der Lebens-
gefährtin oder dem Lebensgefährten zu trennen, kann für
viele Menschen eine sehr unangenehme Entscheidung sein.
Insbesondere die Entscheidung, es final auszusprechen und
es dem Noch-Partner oder der Noch-Partnerin mitzuteilen.
„Soll ich oder soll ich mich nicht von dir trennen?" Selten
ist dies ein Thema, was sich locker beim gemeinsamen
Frühstück mit Marmeladen-Croissant besprechen lässt.
Einmal ausgesprochen, lässt sich so ein Gedanke und die
damit einhergehende Absicht nicht mehr ausblenden. Nun
will ich damit niemanden ermutigen, zumindest nicht
alle von Ihnen, sich unmittelbar nach diesem Kapitel zu
trennen, falls Sie diesen Gedanken bereits mit sich herum-
tragen. Aber ich möchte all diejenigen ermutigen, sich
eines vermeintlich schwierigen Themas anzunehmen,
dessen Entscheidung Sie schon lange vor sich herschieben.
Was ist der Grund, warum Sie diese Entscheidung nicht
fällen beziehungsweise bisher noch nicht gefällt haben?
Und was ist besser daran, wenn Sie noch einen Tag, eine
Woche, einen Monat oder wie manche Menschen in
unglücklichen Beziehungen gar Jahre oder Jahrzehnte
warten, bis Sie diese Entscheidung treffen?

Egal, um welches Thema es geht: Seit wann denken Sie
darüber nach? Wie sind Sie in früheren Situationen mit
diesem Thema umgegangen? Haben Sie schon versucht,
etwas daran zu ändern und es zu lösen? Wenn ja, was? Was
haben Sie daraus gelernt? Was hindert Sie daran, das Thema
anzugehen? Wieso wollen Sie eigentlich nicht früher den
Ballast erledigen und loswerden als sich und Ihr Leben so
lange damit zu belasten? Glauben Sie mal nicht, dass Ihr
Unterbewusstsein das nicht mitbekommt, dass da noch
etwas ungeklärt ist: egal, ob Steuererklärung, Beziehungs-
probleme oder Altersvorsorge. Offene Entscheidungen bzw.
Unstimmigkeiten können sich sowohl psychisch als auch
körperlich negativ auswirken.

Setzen Sie sich mit diesen und ähnlichen Fragen intensiv auseinander, um zu verstehen, warum Sie einige Entscheidungen gerne aufschieben und wie Sie davon loskommen können. Wenn *Sie* unter dem Aufschieben Ihrer Entscheidungen allerdings überhaupt nicht leiden – sondern allerhöchstens Ihr Umfeld, was Ihnen gegebenenfalls egal sein kann – dann kann das (vorläufige) *Nicht*-Entscheiden für Sie ein guter Weg sein, um letztlich doch noch zu einer Entscheidung zu kommen. Klingt paradox? Dann lesen Sie *jetzt* weiter und schieben es nicht vor sich her, wenn Sie es verstehen wollen.

5.2 Aktiv nicht entscheiden

Den Satz „Ich kann mich nicht entscheiden" haben wir wahrscheinlich alle schon einmal gesagt oder zumindest gehört. Das zu ändern ist der Grund für das vorliegende Buch. Dennoch gibt es, wie bereits erwähnt, ganz unterschiedliche Bedeutungen oder Gründe, die hinter diesem Satz liegen können. Es kann sein, dass uns Informationen fehlen, uns das mögliche Ergebnis der Entscheidung noch nicht gut oder gesichert genug erscheint, dass wir Sorge haben vor dem, was andere vielleicht dazu sagen könnten. Doch es kann auch daran liegen, dass keine Entscheidung herbeigeführt werden kann, weil wir nicht *nicht* entscheiden *können* – sondern: weil wir nicht *wollen*! Ha!

Das Nicht-Entscheiden muss nicht wertend als gut oder schlecht betrachtet werden. Wenn Sie darunter leiden, nicht zu entscheiden, dann ist das fraglos schlecht für Sie und es wäre eine Überlegung wert, das zu ändern.

Wenn Sie aber in vergangenen Situationen, in denen Sie *nicht* entschieden haben, positive Erfahrungen damit machen konnten, dann können Sie das für gewisse Entscheidungen so beibehalten. Einige Dinge *können*, aber *müssen* gar nicht zwangsläufig von Ihnen entschieden werden. Wenn es für Sie in Ordnung ist, Sie nicht leiden und wenn Sie mich fragen, auch anderen dadurch nicht geschadet wird, dann dürfen Sie die Entscheidung auch links liegen lassen. Einige Entscheidungen lassen sich aussitzen oder die Dinge erledigen sich von allein. Um nochmal das Trennungsbeispiel aufzugreifen: So kann es auch durchaus sinnvoll sein, hier nicht überstürzt zu handeln und schwarz-weiß zu denken. Über die Zeit hinweg können akute Stressfaktoren verschwinden, sich äußere Umstände verbessern, der Partner, die Partnerin oder auch man selbst sich verändern und als Paar wieder zusammenfinden – sodass es eindeutig etwas Gutes haben kann, sich nicht unmittelbar zwischen *Ja* und *Nein* zu entscheiden.

Ein anderes, alltäglicheres Beispiel: Sie haben vielleicht überlegt, eine Kulturveranstaltung zu besuchen, zu der es mehrere Vorstellungstermine gibt, wissen aber noch nicht, wann Sie hingehen wollen – dann kann sich dieses Entscheidungsproblem dadurch von selbst lösen, dass einfach bald keine Karten mehr verfügbar sind, weil Sie sich *zu* spät oder *gar* nicht entschlossen haben. So kann man auch durchs Leben gehen, wenn es Sie persönlich nicht stört. Vielleicht gehen Sie stattdessen dann in die weniger besuchte Aufführung und entdecken dabei sogar einen Geheimtipp.

Einige andere Entscheidungsfälle in Ihrem Leben können Sie gewiss auch getrost zu den Akten legen, weil Sie sicher sein können, dass jemand anders es entscheiden wird, wenn Sie es nicht tun. Zum Beispiel, ob Sie den Müll mit rausnehmen, wenn Sie morgens zur Arbeit gehen oder erst später. Mit etwas Glück ist er dann schon weg! Passen Sie nur auf, falls Ihre Mitbewohnerin oder Ihr Mitbewohner auch irgendwann dieses Buch liest und auf das Beispiel mit der Trennung stößt.

Manchmal ist es uns Recht, wenn wer Drittes für uns entscheidet, weil wir vielleicht in anderen Bereichen schon viel entschieden haben oder es uns beispielsweise egal ist, welchen Film man zusammen am Abend guckt, sondern nur, *dass* man zusammen *irgendetwas* guckt. Doch auch das ist dann sozusagen eine Entscheidung: dass Sie nämlich Ihrerseits entschieden haben, sich der Entscheidung des anderen zu fügen oder sich anzuschließen, weil dieses Entscheidungsthema gar keines für Sie darstellt. Im Arbeitskontext sortiert man das zum partizipativen Führungsverhalten bzw. Delegieren – und auch das ist eine Entscheidung. So kriegt Ihr Nicht-Entscheiden doch direkt eine ganz positive Note.

Eine nicht getroffene Entscheidung kann sich auch nach einiger Zeit als unerheblich oder goldrichtig für Ihr weiteres Leben erweisen. Wenn Sie vielleicht zu Hause angefangen haben, sich von unnötigem Ballast zu trennen, wussten Sie zum Zeitpunkt der Entrümpelungsaktion nicht, was Sie mit dem einen oder anderen Teil machen sollten. Verkaufen, verschenken, wegschmeißen oder doch behalten? Ein altbewährter Trick hierzu lautet oft, dass Sie es dann doch einfach erstmal in den Keller stellen – im Grunde ist das eine wunderbar veranschaulichte Handlungsform des Nicht-Entscheidens: eine Art *Noch-nicht-ganz-zu-Ende-Entscheiden.* Nachdem Sie nach einigen Monaten mal wieder Ihren Keller genauer inspizieren und einige Kisten öffnen, sehen Sie dort zum Beispiel Ihre zuletzt aussortierten Besitztümer. Sie finden Ihren alten Skaterhelm und die Inliner und müssen kurz wehmütig grinsen. Der Arzt hat Ihnen letztens mitgeteilt, dass Sie Ihre Knie nicht mehr so stark belasten und diesen Sport besser komplett einstellen sollten. Es stellt sich für Sie nun gar nicht mehr die Frage, *ob* Sie die Inline-Skates nochmal auspacken, sondern mit dem heutigen Wissen können Sie nun unmittelbar den Entschluss fassen, sie *wegzugeben.*

Wir machen uns zuweilen selbst den Druck, Dinge schnell und final zu entscheiden, weil uns ungeklärte Situationen belasten und wir nicht abwarten können oder wollen. Der belastende Zustand soll schnellstmöglich zu unseren Gunsten beendet werden. Sind die Konsequenzen aber nicht ganz klar oder wir uns aus anderen Gründen noch unsicher, fällt uns die schnelle „richtige" Entscheidung schwer.

Als ich vor einigen Jahren ein Coaching in Anspruch nahm, um eine sehr wichtige Entscheidung durchzusprechen, haderte ich sehr mit zwei Optionen. Mein Entscheidungskonstrukt war so aufgebaut, dass ich mich als Akteurin in diesem Szenario genau *jetzt* zu entscheiden hatte. Die gesamte Coaching-Sitzung drehte sich darum, was ich bloß *jetzt* und *heute* tun würde, um das Thema zu klären. Es ging darum, ob ich noch am selben Tag fristgerecht zum Quartalsende kündigen sollte (letzter Tag für diese Frist!), um mich selbstständig zu machen – oder drei Monate länger beschäftigt bliebe, um mich *dann* selbstständig zu machen. Es schien mir, als müsste ich es an genau dem Tag entscheiden, damit es weitergehen konnte. Meine Tendenz ging stark zum Kündigen, war jedoch von einem großen diffusen „Aber" bezüglich der Finanzierung begleitet. Doch dann kam mir durch das Coaching der erlösende Gedanke, so banal und so heilsam:

Du musst das nicht heute entscheiden! – Das war für mich wie eine Befreiung. Nachdem ich mich an diese „gewagte" Idee gewöhnt und darüber nachgedacht hatte, fiel die Anspannung von mir ab und ich ging verwundert nach Hause. Ich blieb also insgesamt drei Monate länger beschäftigt und baute in Ruhe parallel die Selbstständigkeit auf. Im Nachhinein wusste ich gar nicht mehr, woher dieser Druck, unbedingt sofort aus dem Job rauszugehen, gekommen war. Eine meiner besten Nicht-Entscheidungen.

5.3   Entscheiden im Schlaf

Der Mensch denkt gerne in Kategorien und so gibt es in der Entscheidungsliteratur oftmals auch die einfache Unterscheidung zwischen bewussten, durch Denken erreichten Entscheidungen, und unbewussten, automatisch getroffenen. Doch es ist nicht immer alles schwarz-weiß, sondern es gibt auch eine Kombination aus diesen beiden Wegen. Dieser sogenannte dritte Weg macht sich das Aufschieben und (vorläufige) Nicht-Entscheiden zunutze, um genau dadurch zu einer Lösung zu kommen (Dijksterhuis & Strick, 2016). Das mag vorerst verwirrend klingen, lassen Sie mich daher das Prinzip kurz erläutern.

Das bewusste Nachdenken über Inhalte ist prinzipiell nicht falsch. Doch kann es bei komplexen Sachverhalten hilfreich sein, sich das Problem zu vergegenwärtigen und dann beiseitezulegen, um sich mit anderen Dingen zu beschäftigen (Dijksterhuis, 2010). Während Sie sich einer anderen Sache widmen, die Sie durchaus auch geistig leicht beanspruchen darf, wird das erste Problem in Ihnen weiterarbeiten. Auch, wenn Sie sich schlafen legen ohne bewusst an das erste Problem zu denken, wird Ihr Gehirn im Schlaf daran weiterarbeiten. Warum ist das so? Der Mensch ist nur begrenzt in der Lage, hochkomplexe Entscheidungen zu fällen. Wenn zu viele verschiedene oder unbekannte Faktoren in dem Entscheidungsszenario eine Rolle spielen, sind die Informationen nicht mehr vollständig zu erfassen und das Entscheidungsgebilde wird unübersichtlich. Dennoch können wir zu Entscheidungen kommen, wenn wir unseren Geist frei und unbewusst weiter am Thema arbeiten lassen. Wie lange es braucht, bis wir zu einer Lösung kommen, ist dabei sehr unterschiedlich: das können Stunden, Tage oder auch Jahre sein, abhängig von der Komplexität des Problems. Praktisch gesagt: Die Entscheidung, ob Sie Ihr Geld in den einen oder anderen ETF investieren, könnte Stunden bis Tage dauern; die Entscheidung eines Wissenschaftlers über seine Theorie zum Ursprung des Universums gerne mehrere Jahre.

Aus Studien zu Wohnungswahl oder Autokauf (Dijksterhuis, 2010) konnte geschlussfolgert werden, dass das unbewusste Denken zu besseren Entscheidungen als das bewusste Denken führt. Zudem sind die unbewussten Denkerinnen und Denker später mit ihren Entscheidungen auch noch zufriedener als die anderen. Sind also tendenziell komplexe Entscheidungen zu treffen, mit vielen zu berücksichtigenden Merkmalen, halten Sie sich an den bekannten und auch wissenschaftlich untermauerten Ratschlag und schlafen Sie zuweilen die eine oder andere Nacht über Ihr Entscheidungsproblem. Es könnte sich fast wie von selbst lösen.

Alternativ, wenn Sie etwas aktiver als schlafend sein möchten, könnten Sie es auch einmal mit Meditation versuchen. Dabei können Sie sich beispielsweise hauptsächlich auf Ihren Atem konzentrieren und jegliche störende Gedanken beiseiteschieben, um zu innerer Ruhe zu gelangen. Oder aber Sie probieren es mit einer *Fokus*-Meditation, bei der Sie positiv an Ihr Ziel denken. Dabei sollten Sie nicht aktiv weiter an Ihrem Entscheidungsproblem arbeiten, sondern sich lediglich vorstellen, dass Sie es schon gelöst hätten oder sich ein positives Mantra dazu aufzusagen. Das mag nicht jedermanns Sache sein — aber Sie haben auch nichts zu verlieren, oder? Möglicherweise geht Ihnen dabei ein Teil Ihrer inneren Unruhe und Unzufriedenheit verloren, Sie können sich besser konzentrieren und Ihre Emotionen regulieren. Ergebnisse aus der Analyse hunderter Meditationsstudien lassen darauf schließen, dass Meditation dahin gehend mehr bewirkt als bloße Entspannungs- oder Denktrainings (Sedlmaier, 2016). Insbesondere können natürlich positive

Mantras – „Ich schaffe es" oder „Ich glaube an mich" – Sie
darin unterstützen, Ihre Probleme zu lösen. Im Gegensatz zur Fokussierung auf die Probleme und Hindernisse
sind solche positiven Sätze auf Bewältigung ausgerichtet
und bestärken Sie darin, an sich und den guten Ausgang
Ihrer Entscheidungssituation zu glauben (Weisweiler et al.,
2013).

Anleitung zum Entscheidungsmeditieren
Suchen Sie sich einen stabilen Sitzplatz, wenn mög-
lich einen Stuhl oder Hocker, auf dem Sie mit geradem
Rücken und an den Seiten des Körpers herunter-
hängenden Armen sitzen können. In den nächsten
Minuten sollten Sie nicht gestört werden, daher schalten
Sie Ihr Telefon stumm und hängen gegebenenfalls ein
Nicht-Stören-Schild an die Tür. Diese Übung können
Sie im Übrigen fast überall machen. Wer später geübter
ist, der lässt sich auch durch Geräusche in der Umgebung
weniger aus der Ruhe bringen.

Schließen Sie nun die Augen und atmen Sie ganz
bewusst ein und langsam wieder aus. Achten Sie einige
Atemzüge nur auf Ihren gleichmäßigen Atem. Spüren Sie,
wie Ihr Bauch sich beim Atmen hebt und senkt. Lassen
Sie Ihre Arme locker. Spüren Sie die Füße auf dem Boden.
Wenn Sie in einer stabilen Position sind und sich durch
Ihren gleichmäßigen Atem eine Ruhe in Ihrem Körper
einstellt, denken Sie an Ihren zuvor gewählten Satz. Das
kann beispielsweise sein: „Es wird sich alles klären" oder
„Ich werde es gut entscheiden". Oder Sie stellen sich
nur vor, dass Sie es gelöst haben werden und spüren das
Gefühl der Erleichterung in Ihnen.

Mehr nicht. Wenn Ihre Gedanken woandershin
wandern, gehen Sie wieder mit Ihrer Aufmerksamkeit bewusst auf Ihren Atem. Nehmen Sie einige lang-
same bewusste Atemzüge und holen Ihren positiven

bestärkenden Satz wieder in den Fokus: „Es wird sich alles klären" oder „Ich werde es gut entscheiden".

Das können Sie so lange machen, wie es Ihnen gut tut und wie Sie Zeit haben. Allein schon einige Minuten beruhigen Ihren Körper und Geist. Die positive Fokussierung mittels eines hervorgerufenen Gefühlszustands oder Gedankens kann Ihnen Ruhe und Gelassenheit im Umgang mit der noch nicht gefällten Entscheidung geben.

Fazit

Nachdem dieses Kapitel mehrfach auf morgen verschoben wurde, wähne ich mich mit Ihnen endlich beim Fazit. Es gibt gute Gründe, Entscheidungen zu vertagen – und das ist eben nicht immer schlecht, sondern manchmal sogar von Vorteil als am Versuch zu kleben, etwas unmittelbar zu lösen.

Es hilft hier und da, etwas Zeit verstreichen zu lassen, weil sich einige Dinge entweder von selbst regeln oder auflösen, weil Sie vielleicht bis dahin weitere Informationen erhalten oder neue Einsichten gewinnen konnten. Bei einigen Entscheidungssituationen oder Dilemmata kann es auch eine Wohltat sein, aktiv zu entscheiden, die Entscheidung *nicht* zu treffen. Befreien Sie sich in einigen Situationen von dem Druck, der oft künstlich erzeugt wird oder den wir uns selbst machen. Probieren Sie es doch mal mit der Idee, bewusst zu sagen „Das entscheide ich nicht – zumindest nicht hier und jetzt".

Wenn der Förster den Wald vor lauter Bäumen nicht sieht, weiß er auch nicht, welche Entscheidung – und welchen Baum – er fällen muss. Ähnlich sieht es mit unübersichtlichen hochkomplexen Entscheidungssituationen aus. Wir brauchen manchmal Abstand, um das große Ganze zu erfassen. Die verstreichende Zeit und der inhaltliche Abstand zum Thema können dabei helfen, dass manchmal sogar fast automatisch eine Klärung in uns entsteht. Machen Sie bei komplexen und vorerst unlösbaren Entscheidungsproblemen etwas anderes, wie zum Beispiel ein Puzzle oder eine andere Sie latent beanspruchende Aufgabe. Oder schlafen Sie eine Nacht drüber. Ihr unbewusstes Denken kann ja schließlich auch mal etwas tun und Ihnen die Arbeit mit den unüberschaubaren Merkmalen der Optionen abnehmen – damit Sie am nächsten Tag frisch ausgeschlafen zu einer gelungenen Entscheidung kommen.

Literatur

Dijksterhuis, A. (2010). *Das kluge Unbewusste*. Klett-Cotta.
Dijksterhuis, A., & Strick, M. (2016). A case for thinking without consciousness. *Perspectives on Psychological Science, 11*(1), 117–132. https://doi.org/10.1177/1745691615615317.
Sedlmaier, P. (2016). *Die Kraft der Meditation: Was die Wissenschaft darüber weiß*. Rowohlt Taschenbuch Verlag.
Weisweiler, S., Dirscherl, B., & Braumandl, I. (2013). *Zeit- und Selbstmanagement. Ein Trainingsmanual – Module, Methoden, Materialien für Training und Coaching*. Springer.

6

Liste, Matrix, Pro und Kontra

Der Klassiker unter den Entscheidungshilfen ist die altbekannte Liste. So eine Liste haben Sie wahrscheinlich auch schon mehr als nur einmal in Ihrem Leben angefertigt, sei es für den Weihnachtsmann oder zum Einkaufen. Zur Listen-Erstellung gibt es diverse Möglichkeiten und Erweiterungen, die so simpel wie hilfreich sein können, um bei Entscheidungen den Überblick zu behalten. Einige Entscheidungsprofis befürworten diese rationalen und strukturierten Vorgehensweisen sehr; andere raten eher zu alternativen, intuitiven Entscheidungsregeln. Ich meine, dass es vom Entscheidungsgegenstand, der Situation und Person abhängt, welche Methode Sinn ergibt. Eine visuelle Übersicht in Form einer Liste *muss* nicht immer hilfreich sein – aber sie *kann* dabei helfen, etwas zu durchdenken, Dinge zu sortieren, zu priorisieren und weitere Argumente für oder gegen etwas zu finden.

© Der/die Autor(en), exklusiv lizenziert durch Springer-Verlag GmbH, DE, ein Teil von Springer Nature 2021
C. Flaßbeck, *Easy entscheiden,*
https://doi.org/10.1007/978-3-662-63511-7_6

6.1 Auflistungen und Mindmaps

Eine Liste lässt sich einerseits relativ leicht anfertigen, indem Sie alles irgendwie aufschreiben – oder etwas „professioneller": alles nach einem bestimmten Prinzip der Reihe nach sortieren. Kinder halten so zum Beispiel Ihre Wünsche zum Geburtstag oder zu Weihnachten fest und führen in der Regel die wichtigsten (oder kostspieligsten) Begehrlichkeiten zu Beginn der Liste an. Auf diese einfache Weise können Sie auch alle relevanten Informationen oder Optionen für Entscheidungen listen.

Nehmen wir an, Sie überlegen, wie Sie Ihre wertvolle freie Zeit am Wochenende verbringen wollen. Da fallen Ihnen vielleicht spontan einige Aktivitäten wie Wocheneinkauf, putzen, Freundin anrufen, Sport machen, Gitarre üben, was Besonderes kochen, Ausflug, Filmabend und weitere Unternehmungen ein.

Nun hat dieses Wochenende wie immer einfach zu wenige Stunden, einige Ihrer Ideen sind abhängig vom Wetter, manche von anderen Leuten und andere von Ihrem inneren Schweinehund. Zur Wochenendplanung würden die wenigsten wahrscheinlich eine Liste anfertigen, aber sehen Sie es als Übung für den Ernstfall. Außerdem passieren manchmal so viele Dinge im Leben, dass selbst die vermeintlich banalen, aber uns wichtigen Anliegen auf der Strecke bleiben können. Also warum nicht einen Zettel greifen und die guten Ideen festhalten? Oder an ein Memo-Board oder den Kühlschrank schreiben?

- Joggen
- Urlaubsziele raussuchen
- Bad putzen
- Tante anrufen
- Thriller gucken
- …

Auch auf dem Smartphone lassen sich solche Priorisierungen sehr einfach vornehmen, indem Sie thematische Listen anlegen, die Priorität kennzeichnen und die Dringlichkeit durch die Einstellung eines Datums abbilden, bis wann etwas erledigt sein soll. So sind die wichtigsten Aufgaben auch gleich im Kalender festgehalten.

Eine Liste hilft dabei, die eigenen Wünsche nach „Wunschstärke" zu sortieren und für deren Umsetzung entsprechende Zeitfenster zu reservieren. Was schon einmal festgehalten ist, wirkt verbindlicher und wird zu einem späteren Zeitpunkt auch eher umgesetzt. Sie brauchen also keine Sorge haben, dass Sie sich *gegen* all die anderen Optionen entscheiden, die Sie nun nicht an diesem einen Wochenende wählen, sondern die anderen sind Ihre Ideen-Schatzkammer für *spätere* Wochenenden oder freie Tage.

Ähnlich, nur leicht erweitert, funktioniert auch die *ABC-Methode* aus dem Bereich des Zeit- und Selbstmanagements. Auch dabei legen Sie eine Reihenfolge der Optionen fest, aber unterscheiden zusätzlich noch nach weiteren Kriterien. Dabei kann *A* dafür stehen, dass es Ihnen sehr wichtig ist *(muss)*, *B* so mittelwichtig *(sollte)* und *C* ist optional *(kann)*. Diese einfache Methode lässt sich ebenfalls für Wochenendpläne nutzen, wenn Sie beispielsweise mit Ihrer geschätzten besseren Hälfte eine Einigung suchen. Gleichermaßen können Sie damit aber auch einzelne Themen bearbeiten, zu denen Sie wichtige Entscheidungskriterien anführen. Betrachten Sie diese ABC-Matrix anhand des Beispiels eines Gebrauchtwagenkaufs (Abb. 6.1). Unter *A* würden Sie auflisten, was Ihnen am wichtigsten ist, *B* ist Ihnen mittelwichtig und *C* wäre nice-to-have, aber verzichtbar. So eine Matrix sortiert Ihre Gedanken zu einem Entscheidungsgegenstand, sodass Sie nicht nur den Überblick mit den wichtigen Kriterien behalten, sondern auch mit einem schnellen Blick auf Ihre

Abb. 6.1 ABC-Matrix für den Gebrauchtwagenkauf. (Quelle: Eigene Darstellung)

Matrix prüfen können, ob ein Wagen *überhaupt* infrage käme. Erfüllt er nur *B*- und *C*-Kriterien, aber keine oder zu wenige von *A,* so muss er gemäß Ihrer Prioritätenliste aus der engeren Auswahl ausscheiden.

Eine andere Form der Visualisierung und zugleich Auflistung von Ideen, Aspekten, Optionen und allem, was Ihnen zu einem Thema in den Sinn kommt, ist die *Mindmap.* Dabei können Sie am PC oder auf einem Blatt Papier alle Ideen zu einem Thema festhalten und inhaltlich grob strukturieren. Diese Strukturierung ergibt sich zumeist schon während des Prozesses des Ideensammelns, weil Sie wie beim Brainstorming von einer Idee zur nächsten kommen. Der Vorteil einer Mindmap ist, dass Sie erstmal völlig frei von Bewertungen alles sammeln, was Ihnen einfällt. So erhalten Sie einen möglichst großen Pool an Informationen, Optionen, konkreten Details und können dadurch auf kreative und neue Gedanken kommen. Wenn Sie zum Beispiel überlegen, wie Sie Ihren nächsten Lockdown zu Hause verbringen wollen, könnten Sie dazu in der Mindmap alle spontanen Ideen festhalten (Abb. 6.2). Lassen Sie Ihren Gedanken dabei freien Lauf und achten Sie erstmal nicht auf Details. Schöner gestalten, umsortieren, umbenennen oder löschen können Sie später immer noch.

Abb. 6.2 Mindmap-Beispiel. (Quelle: Eigene Darstellung)

6.2 Pro- und Kontra-Listen und Gewichtungen

Einen Schritt weiter beim Strukturieren können Sie noch gehen, indem Sie die Vor- und Nachteile einer Entscheidung festhalten. Dieses Vorgehen führt Ihnen weitere Merkmale des Entscheidungsgegenstands vor Augen. Manchmal sind wir uns über die Besonderheiten noch gar nicht ganz klar, sondern wissen nur um unsere diffuse Unentschlossenheit ohne dabei benennen zu können, woran das eigentlich liegt. Daher kann es bei einigen Themen helfen, sich die Zeit dafür zu nehmen, um die Pros und Cons zu einem Thema zu sammeln, beispielsweise zu der Frage, ob Sie sich bei einer Online-Dating-Plattform anmelden sollten oder nicht (Abb. 6.3). So lichtet sich ein zuvor noch nebulöses Entscheidungsproblem und gewinnt mit jeder Einsortierung eines Aspekts zu Pro oder Kontra weitere Klarheit.

Eine andere Methode, unter dem Namen *Eisenhower-Prinzip* bekannt, unterscheidet nicht nach Pro und Kontra, sondern nach den Dimensionen *dringlich*

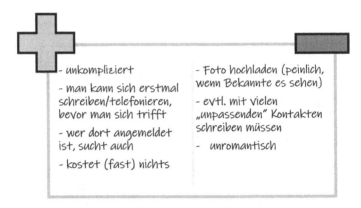

- unkompliziert

- man kann sich erstmal
schreiben/telefonieren,
bevor man sich trifft

- wer dort angemeldet
ist, sucht auch

- kostet (fast) nichts

- Foto hochladen (peinlich,
wenn Bekannte es sehen)

- evtl. mit vielen
„unpassenden" Kontakten
schreiben müssen

- unromantisch

Abb. 6.3 Pro- und Kontra-Liste zur Anmeldung beim Online-Dating. (Quelle: Eigene Darstellung)

und *wichtig* (Bischof et al., 2019). Die Methode hilft dabei zu entscheiden, was man beispielsweise von den vielen möglichen oder scheinbar nötigen Aktivitäten und Erledigungen zu welchem Zeitpunkt – wenn überhaupt – tun soll. Es geht also auch um ein Abwägen des Für und Wider zu bestimmten Handlungen. Sie haben vielleicht auch öfters Dinge auf dem Zettel, die super *dringend* sind, aber die Sie hinsichtlich Ihrer Ziele kein Stück weiterbringen. Dann kommen Ihnen noch weitere Dinge in den Sinn, die sehr *wichtig* sind, aber die keine Deadline und somit vermeintlich bis in alle Ewigkeit Zeit haben. Das können vielleicht sehr wichtige persönliche Ziele sein, die Ihr Leben positiv verändern könnten, nach denen aber niemand im Sinne eines Controllings fragt. Wenn wir diesen Zielen also selbst keine Priorität einräumen, werden wir in der Regel vom Alltag mit anderen zeiträuberischen Aktivitäten von unserer Zielerreichung abgehalten. Mit dem *Eisenhower-Prinzip* können Sie Ihre vielen To-Dos nach den Dimensionen *dringlich* und *wichtig* einordnen (Abb. 6.4). So klärt sich, wie Sie Ihre nächsten Entscheidungen hinsichtlich Ihrer Ziele treffen

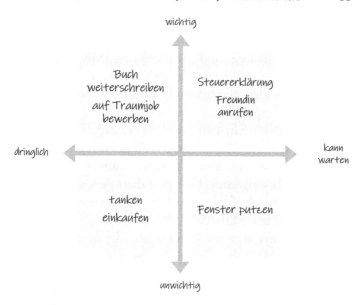

Abb. 6.4 Eisenhower-Matrix zur Entscheidungsfindung bei Aktivitäten. (Quelle: Eigene Darstellung)

sollten und sich nicht von den zahllosen Dingen des Alltags dominieren lassen. Was unter *kann warten* und *unwichtig* steht, das sollten Sie tunlichst nicht anfassen, sondern ignorieren. Was unter *kann warten* und *wichtig* steht, sollten Sie nicht vergessen, aber eben nicht jetzt den Fokus drauf legen. Dafür gibt es ja diese Liste – als Erinnerung für später. Was unter *dringend* und *unwichtig* steht, davon können Sie vielleicht hier und da mal schnell was von erledigen – oder finden jemanden, der es Ihnen abnehmen kann. Aber das, was *wichtig* und *dringend* ist, das gehört in Ihre Hände und hat oberste Priorität.

Nach diesem Muster lassen sich übrigens nicht nur Entscheidungen über *dringliche* oder *wichtige* Tätigkeiten treffen. Damit kann man auch sinnvoll und überlegt ausmisten (Küstenmacher & Seiwert, 2016). Falls Sie zum Beispiel überlegen, was von den vielen Dingen im

Wohnzimmer noch als Dekorationsobjekt stehen bleiben soll, was zum Flohmarkt oder auf Ebay kann, was man verschenken könnte und was definitiv Müll ist, dann probieren Sie es mit dieser Methode. Alles, wozu es aktuell keine Entscheidung gibt, könnte vorerst in den Keller, um es dort vorübergehend zu vergessen und konsequent nach einem Jahr des Nicht-Benutzens zu entsorgen – oder sich zu einem späteren Zeitpunkt die obigen Fragen allesamt nochmal zu stellen. Eine Methode, ähnlich der Eisenhower-Matrix aufgebaut, ließe sich dann *je Quadrant* zum Beispiel so beschriften: behalten, verschenken/spenden/verkaufen, Keller, Müll.

Nicht immer sind die Optionen leicht miteinander zu vergleichen. Sie haben beispielsweise mehrere Optionen als Reiseziel für Ihren nächsten Kurzurlaub festgehalten: Option A führt in die Berge, B nach Paris und C nach Portugal. Zu jeder Option ließen sich nun die zugehörigen Merkmale auflisten, die Ihnen wichtig sind (z. B. bei A: wandern gehen, Bergidylle; bei B: Louvre besuchen, Stadttour, Kunst; bei C: Strand, gutes Essen). Weiterhin können Sie dann auf einer Skala von zum Beispiel 1 bis 3 festlegen, *wie* wichtig das jeweilige Merkmal für Sie ist (1 = gar nicht bis kaum, 2 = mittel, 3 = sehr). Man spricht hierbei auch von *Gewichtungen,* die man im Entscheidungsprozess vornimmt. Schlussendlich können Sie dann in Ihrer Liste anhand der Summe Ihrer Gewichtungen ablesen, welche Option für Sie die beste Wahl ist. Voilà! Diese Gewichtungsmethode können Sie auch einfach mit mehreren Personen anwenden, wenn innerhalb der Familie oder im Team abgestimmt wird. Dabei könnten Eltern und Teamleitungen die doppelte Punktzahl zum Gewichten erhalten – und zu anderen Themen wiederum die Kinder oder Teammitglieder einen Punktevorteil bekommen.

Wenn Sie mit den normalen Listen sowie den Pro- und Kontra-Abwägungen nicht weiter gekommen sind, fokussieren Sie bei der Entscheidungsfindung einmal nur darauf, was *gegen* jede einzelne Option spricht. So eine *Veto*-Methode bietet sich hin und wieder auch in Teams an, wenn man sich nicht auf einen Vorschlag einigen kann oder das Team in einen Bedenkenträger-Modus umgeschaltet hat. Um dann überhaupt etwas zu entscheiden und zu unternehmen, wird letztlich derjenige Vorschlag umgesetzt, der die geringsten Veto-Stimmen erhalten hat. Stellen Sie sich vor, Ihre Abteilung möchte ein Teamevent machen. Es liegen folgende Ideen vor: Stadttour, Kajak fahren, Grillevent und Cross Golf. Es wird viel diskutiert und der eine hat hiergegen, der andere dagegen Vorbehalte. Da keine weiteren Vorschläge vorgebracht werden und man sich zumindest soweit einig ist, dass man gemeinsam etwas unternehmen will, stimmt man wie folgt ab: Zu jedem Vorschlag gibt es die Möglichkeit, die eigene Ablehnung auf einer Skala von 0 bis 5 auszudrücken (0 = kleinstes Veto; 5 = größtes Veto). Der Vorschlag mit der geringsten Abwehr in Summe wird angenommen. Die Abstimmung lässt sich natürlich auch umgekehrt durchführen, indem Sie die Zustimmungsstärke durch eine abgestufte Skala abfragen. Doch wie wir wissen, fällt es Menschen manchmal leichter, das zu benennen, was sie *nicht* wollen. Wenn also viele Vorbehalte bestehen und tendenziell eine negative Stimmung vorherrscht, wählen Sie die *Veto-Methode,* die Sie genauso gut für sich allein anwenden können, wenn Sie verschiedene Optionen zur Wahl haben. Bedenken Sie einfach für jede Option, was Sie daran stört und notieren Sie dann hinter jeder Option, wie stark Sie diese *nicht* wollen. Eine hervorragende Methode für alle miesepetrigen Tage.

6.3 Vorbereiten mit dem Harvard-Konzept

Eine weitere Methode, die ursprünglich zur Vorbereitung auf Verhandlungsgespräche entwickelt wurde, ist das *Harvard-Konzept* (Fisher et al., 2018). Doch nicht nur Verhandlungsgespräche lassen sich mit dieser Methode hervorragend vorbereiten, auch Ihre Ziele, Optionen und Alternativen können Sie auf diese Weise klären. Auch jede Verhandlung führt ja zu einer Entscheidung, die letztlich von jeder einzelnen Verhandlungspartei mitgetragen wird. Je besser Sie Ihre persönlichen Interessen und Lösungsmöglichkeiten vorab für sich ausgemacht haben, umso leichter wird Ihnen nachher die Entscheidung fallen, wenn Sie im Gespräch mit der anderen Verhandlungsseite sind.

Das *Harvard-Konzept* beinhaltet sieben Komponenten, die vorab zu bedenken sind:

1. **Interessen**: Was genau wollen Sie? Was steckt hinter dem zuerst genannten Interesse? Geht es beispielsweise um mehr Geld oder vielleicht eher um mehr Wertschätzung?
2. **Optionen**: Welche Möglichkeiten bestehen, die Ihr Interesse bedienen können? Sammeln Sie alles, was auf irgendeine Weise dazu passt, ohne Rücksicht auf Umsetzbarkeit!
3. **Alternativen**: Was könnten Sie tun, wenn es keine Einigung mit der anderen Verhandlungspartei gibt? Welche Möglichkeiten haben Sie dann, um Ihre Interessen zu erfüllen?
4. **Legitimität**: Wie sind Ihre Interessen bzw. Optionen zu rechtfertigen? Gibt es rechtliche Begründungen, Standards, Vergleiche oder Beispiele, die Sie anführen können?

5. **Kommunikation**: Wie werden Sie in dem anstehenden Gespräch kommunizieren? Worauf werden Sie hören?
6. **Beziehung**: Wie ist Ihre Beziehung zu der anderen Verhandlungspartei? Können Sie diese vorab noch verbessern? Welchen Einfluss wird dieses Gespräch auf diese Beziehung haben?
7. **Verpflichtung**: Zu was sind Sie bereit, sich zu verpflichten? Jedes Verhandlungsergebnis hat auch Folgen!

Wenn Sie vor einem Entscheidungsfall oder einem Verhandlungsgespräch stehen, gehen Sie diese sieben Aspekte durch und beantworten jede Frage bestenfalls schriftlich. Wenn Sie die Positionen der Gegenpartei kennen, versuchen Sie die jeweiligen Aspekte auch aus deren Sicht zu beantworten. Eine solche Perspektivübernahme kann besonders wertvoll sein, da Sie sich auf die Gegenargumente vorbereiten und schon vorab erkennen können, wo Ihre gesammelten Optionen an Grenzen stoßen werden. Ihre Entscheidung kann durch solche Überlegungen schon im Vorhinein kanalisiert werden. Lassen Sie sich aber nicht zu sehr von Ihren Mutmaßungen leiten. Sie können zwar von gewissen Interessen Ihres Gegenübers ausgehen, absolut *sicher* sein können Sie jedoch nicht. Lassen Sie sich daher alle Möglichkeiten offen und schließen Sie nicht vorab Optionen aus, die eine Chance bieten, Ihre Interessen zu erfüllen.

Das *Harvard-Konzept* ist eine sehr rationale Methode, die wenig bis gar nicht auf die Emotionen bei Entscheidungsprozessen eingeht. Dennoch bietet diese Methode einen praktischen Leitfaden und kann Ihnen helfen, Ihre Ziele zu klären und Optionen zu sichten. Nehmen Sie sich die erforderliche Zeit, um in Ruhe Ihre Optionen und Interessen zu sortieren. Versäumen Sie bei wichtigen Entscheidungen auf keinen Fall, auch über die möglichen Motive und Argumente der Gegenseite nachzudenken, die vielleicht die Entscheidung in einem Verhandlungsgespräch mit beeinflusst. Das lohnt sich, weil wir durch die Perspektivübernahme besser einschätzen können, welche Chancen für eine Einigung bestehen. Das kann uns innerlich vorbereiten, bestimmte Entscheidungen zu akzeptieren und für beide Seiten akzeptable Entscheidungsoptionen zu finden.

Fazit

Listen können Ihnen dabei helfen, neue Informationen zu finden, einen Überblick zu bekommen, Optionen aufzutun und diese nach vorgegebenen Kategorien einzuordnen oder zu gewichten. Was auf einer Liste steht, kann nicht mehr vergessen werden und erleichtert es Ihnen, sich für eine Sache zu entscheiden – weil die nicht gewählten Optionen ja für später festgehalten sind. *ABC-Methode, Eisenhower-Matrix* und *Pro- und Kontra-Listen* verdeutlichen Ihnen nochmals, welche der vielen Optionen Ihnen wichtiger sind als andere bzw. was dafür und dagegen spricht.

Falls Ihnen ein Gespräch bzw. eine Verhandlung bevorsteht, aber auch allein zum Durchdenken der eigenen Optionen, bietet Ihnen das *Harvard-Konzept* mit seinen sieben Aspekten eine klare Struktur zur Vorbereitung. Sie müssen sich nur etwas Zeit nehmen und in Ruhe und ehrlich (zu sich selbst) die Fragen beantworten.

Ein Zuviel des Abwägens und Auflistens kann, wie bei so vielem im Leben, oft nachteilig sein und Ihre Entscheidungsfähigkeit blockieren, wenn Sie nicht konstruktiv mit den Methoden umgehen. Falls Sie bereits sehr viel Zeit mit der Suche nach Optionen oder Merkmalen verbracht haben, dann lassen Sie das Thema auch irgendwann ruhen. Möglicherweise hilft Ihnen etwas Abstand dabei (s. Kap. 5), einen anderen Blick auf die Sache zu kriegen – oder Sie erkennen, dass das rein rationale Vorgehen in diesem Fall vielleicht nicht erfolgversprechend für Sie ist. Dann werden die folgenden Kapitel Ihnen weitere Alternativen aufzeigen.

Literatur

Bischof, K., Bischof, A., & Müller, H. (2019). *Selbstmanagement* (5. Aufl.). Haufe.

Fisher, R., Ury, W., & Patton, B. M. (2018). *Das Harvard-Konzept*. Deutsche Verlags-Anstalt.

Küstenmacher, W. T., & Seiwert, L. (2016). *Simplify your life* (17. Aufl.). Campus.

7

Fremdentscheidung durch Zufall oder Dritte

Nachdem Sie nun viel darüber gelesen haben, wie wichtig es ist, Entscheidungen aktiv zu treffen und Verantwortung für diese zu übernehmen, wird Ihnen dieses Kapitel möglicherweise widersprüchlich erscheinen. Während es in der Regel der richtige Weg ist, Entscheidungen selbst in die Hand zu nehmen, gibt es natürlich auch besondere Situationen, die besondere Lösungen erfordern. Schauen wir uns diese nun an.

Es wird mit hoher Wahrscheinlichkeit Momente in Ihrem Leben geben, in denen Sie nach intensiver Auseinandersetzung mit einer Angelegenheit nicht selbst entscheiden möchten oder können. Kein Problem, Sie können sich auch aktiv dafür entscheiden, die Entscheidung dem Zufall oder Dritten zu überlassen. Das Abgeben von Entscheidungen ist in diesem Fall eine bewusste Entscheidungsdelegation, die natürlich vorher gut überlegt sein will. Dabei stehen Ihnen diverse

© Der/die Autor(en), exklusiv lizenziert durch Springer-Verlag GmbH, DE, ein Teil von Springer Nature 2021
C. Flaßbeck, *Easy entscheiden,*
https://doi.org/10.1007/978-3-662-63511-7_7

Möglichkeiten an Zufallsentscheidungen offen, die bereits seit tausenden von Jahren erfolgreich eingesetzt werden.

Wenn es zu Ihrem Entscheidungsproblem bereits Lösungen gibt, weil es diese Situation, in der Sie sich befinden, so oder so ähnlich schon einmal auf dieser Welt gegeben hat: Wie haben andere vor Ihnen dieses Problem gelöst?

Sie müssen das Rad nicht jedes Mal neu erfinden. Wir können uns das Leben oft leichter machen, indem wir andere Menschen beobachten oder ihren Rat einholen. Um sich beispielsweise auf die Geburt des eigenen Kindes vorzubereiten, lässt sich in der Regel zwar wenig Beobachtungsmaterial in freier Natur sammeln, aber die Gespräche mit Menschen, die werdenden Eltern hauptberuflich zur Seite stehen, können diesbezüglich sehr hilfreich sein.

7.1 Möge das Los oder irgendjemand entscheiden

Wenn Sie mit einem Freund einen ausgedehnten Spaziergang durch den Wald unternehmen, ist Ihnen die Entscheidung über die nächste Weggabelung eventuell relativ egal. Hier könnten Sie ebenso eine Münze werfen, um zu entscheiden. Der Münzwurf ist eine klassische Zufallsentscheidung und lässt sich selbstverständlich auch mit vielerlei anderen Gegenständen durchführen. Alternativ können Sie auch zwei oder mehrere Zettel mit Ihren Entscheidungsoptionen beschriften. Falten Sie die Zettel und ziehen Sie einen: Fertig. Ihre Entscheidung steht.

Auch wenn dies ein eher alltägliches und belangloses Beispiel war: Zufallsverfahren sind mitnichten eine alberne Vorgehensweise oder Notlösung. Hätten Sie gewusst, dass schon vor tausenden von Jahren auf diese Weise politische

Ämter oder Ländereien ausgelost wurden? Dazu bedienten sich die Sumerer beispielsweise sogenannter Wurfknochen, die in verschiedene Positionen auf den Boden geworfen werden konnten. Cäsar soll Entscheidungen über Feldzüge gelost haben und der Dalai Lama wird immer noch mithilfe eines Loses gefunden (Buchstein, 2019). Früher sah man den Zufall als göttlich bedingt an, doch das Losverfahren hat an sich einfach seine Vorteile:

- Es ist effizient, weil man mit einfachen Mitteln immer zu einer Entscheidung gelangt.
- Es ist fair, weil jeder Mensch oder jede Option gleichermaßen gelost werden kann.

Wenn es beispielsweise um eine Entscheidung im Freundes- oder Familienkreis geht, wer für den Abend den Film oder das Spiel für alle aussuchen darf, bietet das Losverfahren eine Möglichkeit, alle gleich zu behandeln, weil die Wahrscheinlichkeit gewählt zu werden für jeden gleich groß ist.

Ein anderer Anwendungsfall ist denkbar, wenn Sie sich nicht auf eine Aktivität festlegen oder sich nicht mit anderen einigen können: Per Würfel lassen sich beispielsweise auch Aktivitäten auslosen. Bestimmen Sie, wofür jede der Zahlen auf dem Würfel steht, zum Beispiel 1 für *Karten spielen,* 2 für *zeichnen,* 3 für *joggen,* 4 für *lesen,* 5 für *aufräumen* und 6 für *Freund*in anrufen.* Wem das viel Spaß bereitet: Es gibt Blankowürfel, die Sie selbst beschriften können. So ließe sich auch der Job aufpeppen und dem Arbeitsalltag etwas Schwung verleihen: Sie müssen vielleicht gleichwertig wichtige Aufgaben erledigen und können sich nicht entscheiden? Lassen Sie das Los bestimmen, ob Sie zuerst die Kundenbeschwerde bearbeiten oder das technische Problem beheben. Mit dem spielerischen Ansatz geht Ihnen die unliebsame Arbeit vielleicht sogar ein wenig leichter von der Hand.

Nicht nur Zufallsentscheidungen, auch andere Menschen können uns die Entscheidungsarbeit abnehmen. Dass das Vor- und Nachteile mit sich zieht, haben Sie schon im ersten Kapitel erfahren. Manchmal wird uns aber durch diese Form von Fremdentscheidung unser eigenes Anliegen klar, nämlich das, was wir gerne hätten – mindestens aber das, was *nicht.*

Mit meinem Vater gibt es bei jedem Besuch folgenden Klassiker:

„Welchen Tee willst du haben?"
„Ist egal, ich nehme den, den du auch trinkst."
„OK. Ich trinke Fenchel-Kümmel-Anis."
„Ach nee, dann möchte ich doch einen anderen."

Vielleicht hatten Sie auch schon mal ein solches Aha-Erlebnis? Und als Ihr Gegenüber die Entscheidung für Sie mit getroffen und verkündet hat, wussten Sie sofort, dass es *diese* Option *nicht* ist! Das kann einem mit Tee ebenso ergehen wie mit einer Eheschließung oder einem Jobangebot. Wenn man es unmittelbar auf dem Silbertablett serviert bekommt, ist oft schnell klar, ob „Ja" oder „Nein".

Auch Streaming-Dienste bieten ihren Zuschauerinnen und Zuschauern eine Unterstützung bei der Wahl des nächsten Films oder einer Serie an. Falls Sie nicht selbst entscheiden möchten, können Sie durch Algorithmen generierte Entscheidungsangebote annehmen, die sich daran orientieren, was Sie mit „gefällt mir" markiert, auf Ihre Merkliste gesetzt oder bisher gesehen haben. Alternativ wird Ihnen auch angezeigt, was aktuell die Top Ten unter den Filmen oder Serien sind, die die Bevölkerung Ihres Landes sieht. Noch besser kommt die Zufallsauswahl beim Streamen aber zur Geltung, wenn Sie den Button

„etwas abspielen" klicken: Möge der Film oder die Serie beginnen, auserkoren von den Streaming-Göttern.

Wie praktisch, oder? Dieses Prinzip des Vorschlagens oder Vorgaukelns, dass viele andere dies oder jenes auch gut finden oder gerne tun, findet sich im Streaming-Bereich von Filmen und Musik, aber auch beim ganz alltäglichen Konsum auf den Internetseiten der Online-händler oder Fluganbieter. Dort können Sie dann lesen, wie oft Produkte schon verkauft oder positiv bewertet wurden. Aufgrund Ihrer eigenen Käufe oder Suchen werden Ihnen auch hier Vorschläge für weitere Konsum-entscheidungen gemacht. Ganz nach dem Motto: *Wer sich hierfür interessierte, hat auch gleich noch dies und jenes gekauft.* Ich sag mal so: Natürlich wollen die Anbieter nur noch mehr Dinge verkaufen, die Sie nicht wirklich brauchen. Aber wenn Sie sich dessen gewahr sind und nicht shoppingsüchtig, dann können Sie sich selbstredend in einigen Situationen solche Empfehlungen ansehen. Was spräche dagegen, wenn Sie ein gutes Buch gekauft haben und Ihnen dazu ein passendes anderes angezeigt würde? Oder wenn Sie auf der Suche nach einem Geschenk sind und auch hier Empfehlungen für die entsprechende Zielgruppe angeboten werden? Nutzen Sie solche Ent-scheidungshilfen, wenn es Ihnen schwer fällt und Sie alleine nicht weiterkommen. Algorithmen oder Ideen anderer sind nicht von Natur aus böse, selbst wenn Dritte damit Geld verdienen.

7.2   Gut kopiert ist halb studiert

Wenn Sie vor einem Entscheidungsproblem stehen und mit Ihren bisherigen Bemühungen und Lösungsversuchen nicht weitergekommen sind, dann stellen Sie sich diese Frage: Wie haben es andere gelöst, die in einer ähnlichen

Situation waren? Selten ist eine Entscheidungssituation so einzigartig, dass sie so oder ähnlich nicht bereits einmal von einem anderen Menschen vor Ihnen durchlebt worden ist. Das bedeutet, andere haben sich des Problems bereits angenommen und daraus können Sie lernen.

Der Mensch lernt im Allgemeinen von Klein auf durch sogenanntes Beobachtungs- bzw. Modelllernen (Bandura et al., 1961). Im Erwachsenenalter ist das allerdings eine Methode, die einigen verloren gegangen ist. Doch wie viele wertvolle Ressourcen lassen wir damit ungenutzt liegen, indem wir andere nicht beobachten und fragen?! Kennen Sie das Märchen von den drei kleinen Schweinchen und dem bösen Wolf? Jedes der Schweinchen baute sich ein Haus: das erste aus Stroh, das zweite aus Holz, das dritte aus Stein. Nur das Steinhaus hielt dem Pusten des Wolfs Stand und blieb im Gegensatz zu den anderen Häusern stehen. Eine Moral der Geschichte ist die, dass die ersten zwei Schweinchen ihr nächstes Haus ebenfalls aus Stein bauen wollten, weil sie gesehen und gelernt hatten, dass das Steinhaus des dritten Schweinchens stehen blieb.

Gründerinnen und Gründern von Start-Ups wird oft geraten, sich mit ihren neuen Ideen an Expertinnen oder Experten zu wenden, die bereits ein Business in dem Bereich aufgebaut haben. Oder schauen Sie sich auf entsprechenden Symposien und Branchentreffen um: Ob *Ted Talks* oder Workshops, Sie werden schnell merken, dass viele erfolgreiche Gründerinnen und Gründer gerne von ihren Erfahrungen berichten. Schließlich hat es auch für sie den Vorteil, dass sie und ihre eigene Geschäftsidee eine Öffentlichkeit und im besten Fall neue Unterstützer bekommen.

Sich Communities zu suchen, also Gruppen von Menschen, die ein ähnliches Interesse wie man selbst verfolgen, die sich austauschen und Erfahrungen weitergeben, kann ein sehr einfacher und erfolgreicher Weg sein, um bei den eigenen Entscheidungsproblemen weiterzukommen. Doch die Menschen, die Ihnen als Vorbild weiterhelfen können, müssen nicht immer direkt gleich aus Ihrer Branche kommen oder genau *dieses eine* Entscheidungsproblem, das Sie gerade vor sich haben, durchlebt und gelöst haben.

Dass andere es genau in Ihrem Sinne gelöst haben, ist schon allein deswegen nicht nötig, weil jeder Mensch immer auch seine ganz persönlichen Gründe hat, wieso er etwas auf eine bestimmte Weise tut oder lässt. Außerdem, falls Sie sich mit jemandem austauschen, der in dem Sie interessierenden Bereich nicht erfolgreich war, sind es insbesondere die *Fehler* der Vergangenheit, die dazu führen, dass Menschen danach viele Jahre lang genau deswegen gute Entscheidungen treffen. Denken Sie nur an den Zweiten Weltkrieg, der von den Regierenden immer wieder warnend bei gewissen weittragenden Entscheidungen herangezogen wird. Weniger dramatisch sind jedoch auch die kleineren Geschichten des Scheiterns, aus denen sich ebenfalls viel lernen und für aktuelle Entscheidungen ableiten lässt. Einige Erfindungen oder Entdeckungen gäbe es wohl nicht, wenn nicht andere vorher viele Male gescheitert wären und dies auch kommuniziert hätten. Auch die, die gescheitert sind, sind Expertinnen oder Experten auf einem Gebiet und können Ihnen als Vorbild dienen. Und sei es auch nur, um zu erfahren, wie man etwas besser nicht machen sollte. J.K. Rowling soll beispielsweise das Manuskript von *Harry Potter* viele Male erfolglos eingereicht haben und erst beim 13. Verlag angenommen worden sein. Den Erfolgsroman hatte sie aber schon vor Annahme und Veröffentlichung geschrieben und man hätte auch wahrscheinlich dann schon viel von ihr und ihrem bis dato erlebten (vermeintlichen) Scheitern lernen können.

Weiterhin geht es löschen gar nicht immer nur um den *einen konkreten* Entscheidungsgegenstand, wenn Sie ein Vorbild zu Ihrem Entscheidungsthema suchen. Es kann ebenso hilfreich sein, einen anderen Menschen zu Rate zu ziehen, weil dessen *Werte* oder *Denkmuster* für Sie zielführend sein können.

Wer ist Ihr Vorbild zu Ihrem Entscheidungsthema?
Suchen Sie sich andere, die mit Ihrem Entscheidungsfall bereits zu tun hatten. Vielleicht finden Sie ein Vorbild, bei dem Sie sich etwas abgucken können. Überlegen Sie dazu folgendes:

- Wenn es um dieses eine Entscheidungsthema geht, was genau wollen Sie erreichen?
- Wer hat es schon erreicht?
- Wer könnte Ihnen helfen und wo können Sie Unterstützung erhalten?
- Was müssten Sie wie entscheiden, um es den anderen gleichzutun?

Wenn Sie kein direktes Vorbild finden, suchen Sie sich einen Experten oder eine Expertin auf dem Gebiet. Fragen Sie dort an! Lassen Sie sich auf Ihrem Entscheidungsweg begleiten und mit den richtigen Fragen leiten. Die Investition kann Ihnen viel Zeit und Energie sparen, um dieses eine Thema endlich aus dem Kopf und auf die Bahn zu kriegen. Oder geben Sie Ihr Thema in eine Suchmaschine ein. Was rät zum Beispiel die Verbraucherzentrale – jetzt nicht zu Ihren Essenswünschen, aber vielleicht zur Altersvorsorge? Oder gibt es einen Blog zum Thema? Eine Fachzeitschrift? Einen Test mit einem Ergebnis?
Manchmal können Sie gewisse, vielleicht eher belanglose Entscheidungen auch einfach vollständig auslagern.

Spielen Sie den Entscheidungsball doch einfach mal zurück:

- Im Restaurant ist Ihnen die Auswahl zu groß? Fragen Sie den Kellner, was er seinem besten Freund, seiner Mutter oder generell empfehlen würde.
- Nehmen Sie das Tagesgericht und lassen dadurch das Restaurant entscheiden. Es sollte wissen, was es als Favorit empfiehlt.
- Nehmen Sie einfach das Gleiche wie Ihre Essensbegleitung. Wenn es Ihnen eh nicht so wichtig ist, können Sie auch ebenso gut das essen.

Oder kopieren Sie sich selbst, als Sie in der Vergangenheit etwas erfolgreich entschieden haben (auch das geht beim Essen bestellen im Restaurant). In der Regel sind die Dinge nie komplett neu. Es mögen andere Personen involviert sein oder die Umstände sind anders, vielleicht haben auch Sie selbst sich in Ihrem Denken verändert, aber schauen Sie auf das, was *ähnlich* ist und orientieren Sie Ihre jetzige Entscheidung daran. Wenn Sie Ihre damalige Entscheidung gut fanden, machen Sie es doch noch mal so (Ariely, 2008).

Fazit

Wenn Ihnen das Ergebnis einer Entscheidung relativ egal ist, wenn Sie die vorhandenen Optionen nicht vergleichen können oder Sie sehr unsicher sind, dann könnte ein Zufallsverfahren Ihre Rettung sein. Nutzen Sie diese Entscheidungshilfe als neutrales und effizientes Instrument, um zu einer Entscheidung zu gelangen – die Entscheidung akzeptieren und umsetzen, sofern es nur Sie allein betrifft, müssen Sie allerdings schon noch selbst. Diese Verfahren sind ebenfalls wunderbar für mehrere Personen geeignet, weil so chancengleich das Los auf jeden fallen kann.

Sie können diese Zufallsergebnisse natürlich auch primär dazu nutzen, um Ihre eigenen Reaktionen darauf zu beobachten und somit zu spüren, was diese Entscheidung bei Ihnen auslöst. Schlussendlich können Sie bei negativen Empfindungen die Zufallsentscheidung immer noch ablehnen und anders vorgehen.

Eine andere Form von Fremdentscheidung erreichen wir, indem wir andere imitieren, die sich mit unserem Entscheidungsfall auskennen. Schauen Sie sich das Gute von anderen ab, fragen Sie andere um Rat, erinnern Sie sich an Situationen aus Ihrer Vergangenheit, wo Sie einen ähnlichen Fall bereits einmal entschieden haben. Wir lernen von anderen wie auch von unseren eigenen Handlungen und können dadurch viel Zeit und Kraft sparen.

Literatur

Ariely, D. (2008). *Denken hilft zwar, nützt aber nichts*. Droemer.

Bandura, A., Ross, D., & Ross, S. A. (1961). Transmission of aggression through imitation of aggressive models. *Journal of Abnormal and Social Psychology, 63*, 575–582.

Buchstein, H. (2019). Zufallsentscheidungen historisch betrachtet. *Zeitschrift Führung und Organisation, 3*, 162–168.

8

Körperliches und Annäherung

Manchmal kann es hilfreich sein, so zu tun, als hätte man bereits entschieden, um dann nachzuspüren, wie es einem mit der jeweiligen Entscheidung gehen würde. Dazu gibt es verschiedene Methoden, die dabei helfen können, die Entscheidung rein hypothetisch vorwegzunehmen und die Wahrnehmung auf das Innere, die Gefühle, den Körper zu lenken. Eine Methode, die den Körper und die Emotionen einbezieht, ist das *Tetralemma*. Alternativ können wir uns in der Gegenwart auch schonmal ein wenig an die Entscheidungsoptionen herantasten und etwas ausprobieren – und so erfahren, ob es wirklich das ist, was wir möchten.

8.1 Körpersignale und Emotionen

Die Ansicht, dass durch Denken oder Reden allein die Entscheidungsprobleme geklärt werden, ist eine sehr einseitige und ähnlich veraltete Idee wie die, dass nur umfassende

Datensätze und komplexe Methoden zur korrekten Lösung führen. Durch langes Nachdenken findet man vielleicht weitere Argumente und kann diese verbalisieren – aber da Ihnen das, was Sie bewegt, gedanklich und verbal gar nicht immer zugänglich ist, führt dieser Weg vielleicht in die Irre und gewichtet diese lang und mühsam gesammelten Argumente zu hoch. Dass die Gefühle und Emotionen mindestens ebenso relevant sind, wurde durch die teilweise Überlegenheit der sogenannten Bauchgefühle oder Daumenregeln gegenüber den traditionellen Denk- und Rechenmethoden mit vielen Forschungsdaten gezeigt (Dijksterhuis, 2010; Gigerenzer, 2008). Diese Intuitionen sind aber nicht immer allen Menschen gleichermaßen verfügbar, da wir verlernt haben, uns auf diese zu verlassen – oder besser *ge*lernt haben, viel zu sehr rational vorzugehen und alles zu prüfen (Hüther, 2017).

Wenn Sie beispielsweise überlegen, wie Sie Ihr nächstes Kind oder den neuen Hund nennen sollen, dann können Sie selbstverständlich viele Listen anfertigen, die Harmonie von Vor- und Zunamen sowie die Anzahl der Silben in Bezug auf andere Familienvornamen prüfen und Ranglisten beliebter Vornamen berücksichtigen (und diese dann auch zum Beispiel extra ausschließen) – oder sich einfach auf Ihr Bauchgefühl verlassen, wenn es um die Frage *Hanna* oder *Luise* beziehungsweise *Ava* oder *Apple* geht. Dieses Vorgehen ist insbesondere bei Entscheidungsfällen anzuraten, die einen hohen emotionalen Stellenwert für uns haben und nicht per Tabelle oder Matrix, sondern gerne mit dem Herzen entschieden werden dürfen.

Um wieder einen verstärkten Zugang zu unserem Unbewussten und unseren Gefühlen zu erhalten, kann eine genaue Körperwahrnehmung von großem Wert sein. Vielleicht erinnern Sie sich an eine Situation, wo Sie anhand Ihrer Körperreaktionen gemerkt haben, dass Sie etwas sehr bewegt? Vielleicht in einer Gefahrensituation oder einem Moment großer Freude und Überraschung? Oft erfahren wir erst durch unsere wahrnehmbaren Reaktionen, wie wichtig bestimmte Ereignisse für uns sind (Bak, 2019). Die körperliche und emotionale Rückmeldung an uns stellt damit heraus, ob das Ereignis etwas mit einem unserer Ziele oder unseren Bedürfnissen zu tun hat.

Da wir aber unsere rationalen Gedanken, wie schon erwähnt, oftmals über das Emotionale, Körperliche und vermeintlich Irrationale stellen, nehmen wir diese Körperreaktionen nicht immer sorgfältig wahr. Dies liegt zum Großteil auch daran, dass wir in der Gesellschaft durch Erziehung und Normen den körperlichen Ausdruck von beispielsweise Unruhe, Aufgeregtheit, Angst, aber auch übermäßiger Freude schon bei Kindern unterbinden.

Trotz aller Verwirrung, die unser Körper und unsere Emotionen in uns stiften, können wir versuchen und lernen, wieder verstärkt auf unsere Körpersignale zu achten und sie korrekt einzuordnen. Wenn wir in unserer Umwelt oder unserer Vorstellung eindeutige Abweichungen von dem, was wir erwartet haben, wahrnehmen, schaltet unser Körper sein Notfallsystem ein und es gibt in der Regel eindeutige Reaktionen wie beispielsweise ein schneller schlagendes Herz, Zittern oder eine körperliche Anspannung (Hüther, 2017). So teilt unser Körper uns auf seine Art mit, wenn er ein Problem, eine Notlage oder Gefahrensituation wahrnimmt, zu der er gerne unsere Hilfe hätte. Wie sich unser Körper verhält, dürfen wir also durchaus als Mitteilung an uns verstehen – dass wir uns einer Sache zum Beispiel *annähern* oder sie eher *vermeiden* möchten (Bak, 2019). Wenn Sie hier achtsam sind, können Ihnen Ihre Körpersignale einen wertvollen Dienst beim Entscheiden erweisen.

8.2   Tetralemma

Eine Methode, die sich dieser Körperrückmeldungen bedient, ist unter dem Namen *Tetralemma* bekannt geworden und hat in diversen Kontexten wie Coaching und Beratung als wertvolle Methode Einzug erhalten (Varga von Kibéd & Sparrer, 2020). Das *Tetralemma* eröffnet denjenigen, die stark in ihren eingeschränkten Mustern denken und sich einem Dilemma gegenübersehen, eine alternative Form des *Querdenkens*. So lassen sich scheinbar ausweglose Dilemmata auf eine andere Weise betrachten und dadurch neue Optionen des Entscheidens generieren.

Die Grundidee hinter der Methode ist ein Entscheidungsproblem, bei dem zwei Optionen betrachtet werden: *das Eine* und *das Andere.* Dabei besteht in der Regel das Gefühl, dass man sich zwischen diesen Optionen entscheiden müsste und entweder nur *das Eine* (A) oder nur *das Andere* (B) ginge. Genau da setzt das *Tetralemma* (Abb. 8.1)

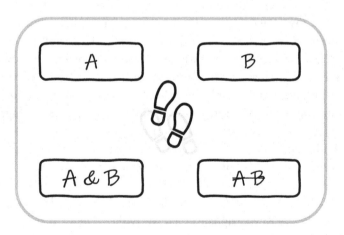

Abb. 8.1 Tetralemma-Methode nach Varga von Kibéd und Sparrer (2020). (Quelle: Eigene Darstellung)

an, indem es zwei weitere Optionen ins Spiel bringt, nämlich *keine* (A̶B̶) der beiden Optionen oder *beides* (A&B).

Beispielsweise könnte es um die Frage gehen, welcher Studienort (oder wenn es für Sie besser passt: Lebensort) gewählt werden soll. Stellen Sie sich vor, Sie stünden vor der Wahl, in Deutschland oder Japan zu studieren. Mal davon ab, dass durch das Studium allein schon eine neue Lebensphase beginnt, wäre auch der Ort nicht unbedeutend für Sie. Die Familie und der Freundeskreis leben in Deutschland, aber Japan wäre spannender. Sprachlich wäre es vielleicht in Deutschland leichter mit dem Studieren, aber zusätzlich Japanisch zu lernen und Ihr Englisch zu verbessern, wäre auch vorteilhaft. Doch ganz gleich, wie lange Sie abwägen und nachdenken, klar entscheiden können Sie sich hier nicht, weil beides seine Vorzüge hat.

Im *Tetralemma* könnte Deutschland in diesem Beispiel *das Eine* (A), Japan *das Andere* (B) sein. Wenn Sie die Methode selbst anwenden möchten, schreiben Sie Ihre verschiedenen Möglichkeiten auf vier Karten oder Zettel, die Sie in ausreichendem Abstand auf den Boden legen. Sie können dabei auch nur mit den Kürzeln *A, B, A&B* und A̶B̶ arbeiten. Bei Betrachtung einer jeden Option stellen Sie sich dann genau darauf und achten auf Ihre Körperempfindungen. Am besten erspüren Sie diese, wenn Sie dabei Ihre Augen schließen. Stellen Sie sich also im ersten Schritt mit Ihren Füßen auf *das Eine* (A), Deutschland, und spüren Sie nach, wie es sich anfühlt, würden Sie sich ausschließlich dafür entscheiden. Achten Sie konkret auf Ihren Körper und seine unmittelbaren Reaktionen. Was verändert sich? Wie schlägt Ihr Herz? Nehmen Sie eine Änderung in Ihrer Mimik wahr? Spüren Sie Anspannungen oder Unruhe? Oder etwas ganz anderes? Was machen Ihre Hände, Ihre Beine, Ihre Augen?

Betrachten Sie nun *das Andere* (B), Japan, und spüren hier ebenfalls nach, wie es wäre, sich ausschließlich dafür zu entscheiden. Welche körperlichen Regungen nehmen Sie hier wahr? Was spüren Sie? Welche Emotionen kommen auf?

Gehen Sie nun auf die nächste Option im Tetralemma, auf *beides* (A&B), und spüren wieder nach, wie es sich anfühlt, wenn Sie beides haben könnten. Dabei ist in diesem Moment völlig unerheblich, wie die Umsetzung davon aussehen könnte. Sie gingen ursprünglich davon aus, dass *A* und *B* unvereinbare Gegensätze seien. Die Option *beides* bricht nun genau mit dieser Idee und führt Sie ins Querdenken. Was sagt Ihnen Ihr Körper zu der Idee von beidem, Deutschland *und* Japan? Was fühlen Sie?

Und schlussendlich betrachten Sie nun die Option *keins von beidem,* also weder *A* noch *B* (A̶B̶). Was fühlen Sie? Wäre es eine Idee, auf beides zu verzichten? Geht es vielleicht gar nicht um *A* und *B,* sondern um etwas ganz anderes? Oder macht Sie die Vorstellung unglücklich, wenn Sie weder *A* noch *B* hätten?

Sie können diesen Prozess so oft wiederholen, bis Sie mehr Klarheit spüren. Insbesondere sehr rationale Entscheidungstypen finden in dieser Methode oftmals eine erhellende Erkenntnis, da sie ihnen den Zugang zu ihren Empfindungen eröffnet – ohne zugleich den Ballast der Realisierung bewältigen zu müssen. Die Fragen der konkreten Umsetzung stellen sich beim Tetralemma bewusst erst im zweiten Schritt. Insbesondere natürlich dann, wenn die Entscheidung auf das gefallen ist, was zuvor gar keine realistische Option zu sein schien: *beides* oder *keins von beidem.*

Bei der Wahl auf die Option *beides* lassen sich verschiedene Möglichkeiten finden, wie *A* und *B* realisiert werden könnten. Dabei hängt die Umsetzung natürlich stark davon ab, was eigentlich gewünscht ist. Diese

Konkretisierung ergibt sich zumeist bei den nachfolgenden Überlegungen der Vereinbarkeit von *A* und *B*. So wäre es denkbar, dass sich beide Orte durch ein Studium in Deutschland mit einem Auslandssemester oder -jahr in Japan verbinden lassen. Alternativ könnte ein erster Abschluss in dem einen, der höhere Abschluss in dem anderen Land erfolgen. Oder das Studium wird vielleicht digital vollzogen, als Fernstudiengang, sodass Sie freie Ortswahl haben. Auch wäre es denkbar, das Studium nur in dem einen Land, aber Praktika in dem anderen Land durchzuführen. Oder aber Sie können sogar noch viel später, nach einigen Jahren, den Traum des zweiten Landes realisieren (z. B. als Au-Pair-Oma oder -Opa). Auf diese Weise, mit *A* & *B*, können die zuvor unvereinbar erscheinenden Optionen doch zusammengefügt werden, entweder mit leicht anderen inhaltlichen Ausgestaltungen oder aber zeitlich versetzt. Zu Ihren eigenen Themen werden Ihnen gewiss noch weitaus mehr Lösungen einfallen.

Sollten Sie bei allen Optionen von *das Eine, das Andere, beides* oder *keins von beidem* zu keiner klaren Entscheidungsidee gekommen sein, stellen Sie sich die Frage, ob es vielleicht nicht sogar etwas ganz anderes geben könnte, das Sie brauchen oder suchen. Etwas außerhalb Ihres bisherigen Konzepts und Ihrer Ideen zu diesem Thema. Manchmal sind unsere Gedanken und Konzepte so festgefahren, dass wir uns in einem sehr eingeschränkten Rahmen bewegen. Erlauben Sie sich, sofern Sie bei allen Optionen auch in einem weiteren Durchgang tendenziell Unzufriedenheit verspürt haben, eine fünfte Option zu öffnen. Diese wird mit *all das nicht* bezeichnet und kann Ihnen erlauben, die gesamte Situation nochmals mit Distanz oder in einem anderen, neuen Kontext zu betrachten. Vielleicht gehen Sie nach Berührung mit der fünften Option sogar nochmals auf die vorigen vier Optionen und betrachten diese danach auf eine andere Weise.

8.3   Tasten Sie sich ran

Positives zieht Positives an heißt das magische Gesetz der Anziehungskraft. Wenn wir uns positive Gedanken zu etwas machen und uns zum Beispiel mental unser Ziel ausmalen (s. Abschn. 3.1), führt uns das zu weiteren Gedanken und Handlungen, die uns näher an unser Ziel bringen. Genau das wäre ein weiterer Schritt, um bei Entscheidungsunklarheit besser entscheiden zu können: sich den Optionen anzunähern.

Die Unklarheit und Unentschlossenheit kann bei einigen Entscheidungssituationen oft in fehlenden Informationen liegen. Es mangelt an Erfahrung mit dieser oder jener Option, sodass wir auch die Konsequenzen nicht einschätzen können. Würde es uns gefallen? Wäre es das, was wir brauchen? Wie wäre es, wenn wir es täten? Um aus dieser mentalen Konjunktiv-Schleife herauszukommen, kann das Denken gegen kleine Dosen des Handelns eingetauscht oder auch erst einmal nur ergänzt werden.

Wenn Sie zum Beispiel überlegen, ein neues Hobby aufzunehmen (z. B. Golf), haben Sie vielleicht Entscheidungsschwierigkeiten, weil noch viele Fragen offen sind. Sie denken vielleicht, dass Golfen mit einer relativ kostspieligen Ausstattung verbunden ist, hohen Clubgebühren und die Menschen, die diesen Sport betreiben, nicht zu Ihnen passen. Dann empfehle ich Ihnen, sich dem Objekt Ihrer Entscheidung anzunähern. Und das meine ich wortwörtlich, indem Sie einen Club aufsuchen und sich die Sache vor Ort genau ansehen: Wer geht dort ein und aus und wie hoch sind die Kosten genau? Sie könnten dann vor Ort feststellen, dass es Schnupperkurse gibt, die beispielsweise wenig bis teilweise gar nichts kosten, und sich direkt anmelden. So, und zwar nur so, werden Sie *selbst* erfahren, wie sich das Golfen und die Umgebung mit ihren Menschen für Sie ganz persönlich anfühlt. Dadurch und durch die weiteren

Informationen, die Sie so erhalten, erhellt sich wahrscheinlich einiges zu Ihrer Vor-Entscheidung und Vorstellung. Vielleicht finden Sie die Preise gar nicht so hoch oder stellen fest, dass dieses Hobby womöglich doch nichts für Sie ist. Annähern kann beides bewirken: eine Klärung und ein Voranschreiten zum ursprünglichen Ziel, aber auch neue Erkenntnisse, die den Fokus vielleicht verlagern. Sie sind in jedem Fall einen Schritt weiter, der über Ihre bloßen Gedanken und Träumereien hinausgeht.

Ähnlich der Option *beides* im Tetralemma könnte eine Annäherungsmethode auch darin bestehen, dass Sie sich zwar gegen den Eintritt in einen bestimmten Golfclub mit hohen Fixkosten entscheiden, aber dafür dennoch in den Golf-Genuss kommen, indem Sie beispielsweise ab und zu mal gegen Gebühr auf einem offenen Platz Ihrer Wahl spielen.

Mit der Annäherungsmethode können Sie auch Ideen verfolgen, wie zum Beispiel einen neuen größeren bzw. teureren Gegenstand zu erwerben, etwas mit neuen Leuten zu unternehmen, woanders zu leben oder den Beruf zu wechseln. In allen Fällen können Sie im Kleinen, räumlich, thematisch oder zeitlich begrenzt, genau das ausprobieren. Wozu gibt es sonst Schnupperkurse, Ferienwohnungen, Leihstationen, Leasing, Praktika, Job Rotation, Virtual Reality, Ehrenämter oder Online-Gruppen zu bestimmten Themen? Probieren Sie es aus, nichts davon ist verbindlich oder für die Ewigkeit. Doch Sie können durch die Annäherung für sich klären, ob es nicht genau das oder etwas Ähnliches ist, was Sie gerne fortführen und ausbauen möchten.

Durch die Erfahrungen mit dem Gegenstand, der Person oder dem Ereignis Ihres Interesses werden Sie erkennen, was Sie wirklich möchten und was noch notwendig ist, um sich diesen Wunsch zu erfüllen. Durch das Herantasten sind Sie proaktiv, holen Informationen ein und stärken

Ihr positives Denken. Wenn Sie positive Emotionen zu zukünftigen Zielen und Entscheidungen erfahren, werden diese Emotionen auch Ihr Verhalten aktivieren (Bak, 2019). Vergegenwärtigen Sie sich, was Sie bereits alles mitbringen, um Ihre Ziele zu erreichen. Welche Ressourcen besitzen Sie? Welche Stärken haben Sie? Was brauchen Sie noch, um sich letztlich entscheiden zu können und ins Ziel zu laufen?

Fazit
Unser Körper ist nicht nur unsere Hülle. Nehmen Sie seine Signale auch als Spiegel Ihrer Emotionen wahr. Die Körpersignale und Emotionen zeigen Ihnen, wie Sie zu Entscheidungsthemen stehen, auch wenn es Ihnen manchmal nicht gelingt, genau das in Worte zu fassen oder rational zu lösen.

Das *Tetralemma* fokussiert vor allem auf Entscheidungssituationen zwischen zwei scheinbar widersprüchlichen Optionen. Sie können durch diese Methode einerseits Ihre Handlungsoptionen erweitern, indem Sie nicht nur *A* oder *B* betrachten, sondern sogar mit beidem liebäugeln, der Idee, beides fallen zu lassen oder vielleicht sogar noch eine Alternative entdecken. Vor allem aber erspüren Sie mit der Methode, was welche Option bei Ihnen auslösen würde und können dies körperlich wie emotional schon jetzt wahrnehmen.

Sich heranzutasten und sich den Dingen anzunähern, die Sie gerne hätten, diese auszuprobieren und aus der Nähe zu betrachten, kann Ihre Emotionen verstärken und Ihren Handlungstrieb aktivieren. Manchmal merken wir erst aus der Nähe oder aufgrund weiterer Erfahrungen mit dem jeweiligen Objekt, dass wir genau das doch *nicht* wollen. Ganz gleich, in welche Richtung es uns führt: Die Annäherung kann uns die Entscheidung erleichtern.

Literatur

Bak, P. M. (2019). *Lernen, Motivation und Emotion: Allgemeine Psychologie II – das Wichtigste, prägnant und anwendungsorientiert.* Springer.

Dijksterhuis, A. (2010). *Das kluge Unbewusste.* Klett-Cotta.

Gigerenzer, G. (2008). *Bauchentscheidungen: Die Intelligenz des Unbewussten und die Macht der Intuition* (15. Aufl.). Wilhelm Goldmann Verlag.

Hüther, G. (2017). Wie Embodiment neurobiologisch erklärt werden kann. In M. Storch, B. Cantieni, G. Hüther, & W. Tschacher (Hrsg.), *Embodiment: Die Wechselwirkung von Körper und Psyche verstehen und nutzen* (3. Aufl., S. 73–97). Hogrefe.

Varga von Kibéd, M., & Sparrer, I. (2020). *Ganz im Gegenteil* (11. Aufl.). Carl-Auer.

9

Selbsttraining und -coaching

Wollen Sie's wirklich machen oder lassen Sie's lieber sein? – Das vertonte in ähnlicher Weise bereits die Band *Fettes Brot* mit ihrem Song *Jein* (Vandreier et al., 1996). Sie haben nun diverse Hindernisse und Möglichkeiten des Entscheidens in diesem Buch kennengelernt. Um letztlich wirklich etwas an dem eigenen *Jein* zu ändern und entscheidungsfähig zu werden, bedarf es aber mehr als des Lesens. Vielleicht haben Sie schon die eine oder andere Reflexions- und kleine Übungsaufgabe in den Kapiteln durchgespielt. Gehen Sie nun noch den letzten Schritt und nutzen Sie die gesamte Bandbreite Ihres Entscheidungswissens, um Ihre eigenen Entscheidungsmuster neu zu programmieren.

© Der/die Autor(en), exklusiv lizenziert durch Springer-Verlag GmbH, DE, ein Teil von Springer Nature 2021
C. Flaßbeck, *Easy entscheiden*,
https://doi.org/10.1007/978-3-662-63511-7_9

Dazu erhalten Sie abschließend

- einige anregende Fragen zur Selbstreflexion Ihrer Entscheidungsweise,
- Ideen, welche Entscheidungen Sie vielleicht nur noch ein einziges Mal grundsätzlich treffen müssen, um nie wieder neu darüber nachzudenken,
- sowie einige Trainingsimpulse für Ihren Alltag.

9.1   Selbstcoaching und Reflexion

Nicht nur andere können Ihnen gute Fragen stellen, um eine Selbstklärung vorzunehmen, sondern auch Sie selbst können sich befragen. Generieren Sie durch geschickte Fragen neue Ideen und Antworten, die Sie sonst mithilfe von Dritten erarbeitet hätten. Dazu können Sie einerseits die Fragen aus diesem Buch aus den verschiedenen Kapiteln zurate ziehen oder aber auch klassische Coaching-Fragen, die bei Entscheidungsschwierigkeiten helfen. Sich die richtigen Fragen zu stellen, ist ein guter Anfang, um die eigenen Entscheidungsmuster zu verändern.

Zur Übersicht finden Sie hier nochmals einige der wichtigsten Fragen, die zu den unterschiedlichen Themen angeführt wurden. Nicht jede davon mag für Sie persönlich in jeder Situation relevant sein, aber einige davon könnten für Sie Schlüsselfragen darstellen, die Ihnen eine innere Klärung bringen.

- Was will ich im Leben?
- Was ist mir wichtig?
- Wie würde eine gute Freundin oder ein guter Freund in dieser Situation entscheiden?

- Wie habe ich mich in einer früheren, ähnlichen Situation verhalten? War das zielführend?
- Was würde ich einer guten Freundin oder einem guten Freund in so einer Lage raten?
- Muss ich das heute entscheiden?
- Was passiert, wenn ich es nicht entscheide?
- Was ist das Schlimmste, was passieren kann, wenn ich mich so (oder so) entscheide?
- Was ist das Gute daran, wenn ich mich weiterhin nicht entscheide?
- Wie fühlt es sich an, wenn ich mir vorstelle, dass ich die Entscheidung schon zufriedenstellend getroffen habe? Welche Gedanken und Gefühle kommen auf?
- Woran merken andere, dass ich die richtige Entscheidung getroffen habe?
- Gibt es vielleicht noch mehr Optionen als nur die, über die ich nachdenke?
- Welche Optionen, die ich vor mir habe, belasten mich eigentlich nur? Kann ich ein Zuviel an Optionen reduzieren, um wieder entscheidungsfähig zu werden?
- Könnte mir jemand einen guten Rat hinsichtlich meiner Entscheidung geben?
- Könnte jemand anders diese Entscheidung für mich in meinem Sinne treffen?
- Wie wichtig ist diese Entscheidung?
- Könnte ich heute so und morgen anders entscheiden?
- Dürfte der Zufall mir die Entscheidung abnehmen?
- Fragen Sie sich nicht, *ob* Sie etwas tun wollen, sondern, *wie, wann,* mit *wem, wo* und wie *oft.*
- Und fragen Sie sich bei anderen Dingen nicht wie, wann, wo usw. – sondern, ob überhaupt!

Finden Sie hier einige Fragen, die Ihnen als Ihr persönliches Entscheidungshilfe-Set dienen können? Vielleicht wird die eine Frage oder daraus formulierte Aussage auch so etwas wie Ihr persönliches Entscheidungsmantra, um ein neues Entscheidungsmuster aufzubauen. Bei mir war es „Du musst das nicht heute entscheiden", das mich überrascht und entspannt hat und auch heutzutage hier und da noch sein Gutes tut.

Es ist zumeist schwierig, von den einmal erlernten Denkmustern wieder wegzukommen. Schließlich hat sie unser Gehirn über Jahre erlernt und angewendet. Je häufiger wir bestimmte Denkmuster wiederholen, desto stärker werden die Autobahnen in unserem Gehirn, auf denen dann auch zukünftige Gedanken und Handlungsmuster entlangfahren (Hüther, 2017). Was sind Sie persönlich für ein Typ, wenn es um die Ebenen des *Denkens, Fühlens* und *Handelns* geht? Vielleicht kann es Ihnen beim Entscheiden helfen, den Modus zu wechseln und der Entscheidung auf einer anderen Ebene nachzugehen.

- Statt weiterhin darüber nachzudenken, versuchen Sie vielleicht einmal, zu erspüren, welche Gefühle Sie zu einem Thema haben.
- Sind Sie jemand, der in Gefühlen verharrt, weil Sie davon gelähmt oder verunsichert sind, kann es vielleicht helfen, einen Plan aufzustellen und Informationen einzuholen, um Ihre Unsicherheit aufzulösen.
- Und in beiden Fällen, ganz gleich ob Sie zu viel nachdenken oder zu stark von Ihren Gefühlen beherrscht werden, kann es ratsam sein, wenn Sie ins Handeln kommen. Das zu Beginn des Buches erwähnte Motto – vom Planen zum Handeln zu kommen – kann ein Schlüssel für Sie sein, der Sie in vielen Lebenslagen vom Festsitzen in Entscheidungssituationen befreien kann.

9.2 Grundsatzentscheidungen

Alte Gewohnheiten lassen uns immer wieder nach dem gleichen Prinzip handeln und beispielsweise in der Unentschiedenheit oder unglücklichen Entscheidungsmustern verharren. Um mit diesen Gewohnheiten zu brechen, braucht es Tatkraft.

Bauen Sie unnötige Optionen ab und entwickeln Sie Routinen, um Ihre Entscheidungslast zu reduzieren. Am Beispiel des „Was zieh ich bloß an"-Problems lässt sich erkennen, wie viel Zeit Menschen mit recht unnützen Entscheidungen verschwenden. Ebenso wie sehr sie sich durch eventuell auftretende Bewertungen anderer beeinflussen lassen. Oder dadurch, dass sie sich selbst mit zu vielen Optionen belasten.

Machen Sie es sich an den Stellen, wo es möglich ist und Sie Ihr Ziel trotzdem erreichen, so einfach wie nur möglich. Verzichten Sie auf viele Optionen, schaffen Sie an einigen Stellen die Entscheidung vielleicht sogar vollständig ab. Wo keine Optionen mehr sind, da gibt es auch kein Entscheidungsproblem mehr. Sie müssen bei einigen Themen nur einmal ordentlich entscheiden, welche Option eine für Sie sinnvolle, passende, zielführende ist – und dann denken Sie nie wieder darüber nach, ob Sie die Zahnpasta wechseln, weil eine andere im Angebot ist; überlegen nie wieder, ob Sie mal die Discobluse im Büro anziehen sollten; nie wieder fragen Sie sich, ob Sie joggen gehen sollen oder lieber nicht. Denn Sie haben es entschieden und nach Ihren Werten und Zielen diese Entscheidungen aufgebaut. Das heißt nicht, dass Sie nie wieder etwas verändern dürfen oder mit Lungenentzündung laufen gehen müssen oder bei extremst guter Laune an Rosenmontag nicht auch mit

Discohemd zum Job gehen könnten – oder noch besser
an einem ganz anderen Tag. Sie können ja immer wieder
neu entscheiden, wenn Sie das wollen! Aber der Punkt ist
doch: Sie können sich auch von vielen belastenden Entscheidungen ein für allemal, für lange Zeit, frei machen
und bei der einen guten Entscheidung zum Thema X
bleiben, die Sie einmal getroffen haben.

Treffen Sie daher Grundsatzentscheidungen, die einmal getroffen dann universell für Sie gültig sind. Wer das
nicht tut, muss einige Entscheidungen stets neu treffen
– das bringt zwar eine oberflächlich gesehen hohe Selbstbestimmung mit sich, aber es kostet auch immer wieder
Energie und bringt Sie vielleicht häufiger von Ihrem Weg
ab als Ihnen lieb ist. Zur Anregung wären nachfolgende
Bereiche denkbar:

- **Sport**: Entscheiden Sie, dass Sie immer zu festen Zeiten
  in der Woche Ihrem Sport nachgehen. Machen Sie
  einen Termin mit sich oder auch mit Dritten dazu aus.
  Legen Sie Ihre Sportkleidung schon vorher parat an
  die Tür oder ins Auto, damit Ihre Entscheidung noch
  klarer wird. Und wenn es kurz vor Ihrem Termin ist:
  Fangen Sie nicht an das Wetter zu analysieren oder über
  Ihr Zeitbudget nachzudenken, sondern halten Sie sich
  an Ihre Entscheidung.
- **Ernährung**: Grundsätzlich können Sie entscheiden, ob
  Sie etwas komplett vom Speiseplan streichen oder von
  etwas mehr essen wollen. Dazu können Sie Rezepte
  organisieren, Einkaufslisten schreiben, entsprechend
  nach Plan kochen und essen. Wenn Ihnen etwas gut
  tut und Sie es gerne mögen, können Sie es doch auch
  einfach regelmäßig kaufen und essen. Niemand sagt,
  dass jeden Tag ein anderes Frühstück nötig wäre. Also
  erstellen Sie beispielsweise eine Einkaufsliste, die (in

Teilen) immer gilt, weil bestimmte Nahrungsmittel grundsätzlich zu Ihren Mahlzeiten gehören.

- **E-Mails bearbeiten**: Entscheiden Sie sich, wann Sie Ihre E-Mails lesen und beantworten wollen. Vielleicht wollen Sie auch ein System festlegen, dass Sie E-Mails in Ordner sortieren, um dann einfacher entscheiden zu können, wann Sie wie genau damit weiter verfahren.

- **Handyfreie Zeit**: Entscheiden Sie, wann Sie das Handy nutzen und wann nicht. Sie können sich zum Beispiel aus freien Stücken entschließen, täglich ab 20 Uhr das Gerät auszuschalten.

- **XY anrufen**: Legen Sie fest, wann Sie mit Eltern, Geschwistern, Freundinnen oder Freunden oder wem auch immer telefonieren. Sie können einen festen Tag in der Woche oder im Monat ausmachen, damit dieses Telefonat nicht immer und immer wieder verschoben und neu entschieden werden muss, wann man einander endlich wieder hört.

- **Sex nur mit Kondom**: Diese Entscheidung treffen Sie vielleicht nicht so nebenbei wie die mit dem festen Wochentag zum Telefonieren, aber prinzipiell auch grundsätzlich. Grundsätzlich ja oder nein – oder doch irgendwie anders. Doch eine klare Entscheidung dazu kann manch folgenschwere Konsequenz vermeiden.

- **Essen nur mit Stäbchen**: Ich weiß nicht, wie dieses Beispiel es ins Buch geschafft hat, aber wenn Sie auch gerne asiatische Nudeln mögen, dann könnten Sie entscheiden, dass es diese immer mit Stäbchen gibt. Oder dass auch einfach alle Mahlzeiten bei Ihnen zu Hause mit Stäbchen gegessen werden.

- **Müll trennen**: Ja oder nein? Auch hier hilft eine grundsätzliche Entscheidung für den ganzen Haushalt, weil Mehrarbeit natürlich gerne mal dazu verleitet, diese Regeln nicht einzuhalten. Doch wenn es eine Grundsatzentscheidung dazu gibt, brauchen Sie nicht darüber nachzudenken, ob Sie einfach alles in den Restmüll werfen sollten. Nein, natürlich nicht.

- **Nichts Süßes am Vormittag**: Das muss jemand beim Korrekturlesen hier reingeschrieben haben. Na gut, also, auch das kann man entscheiden. Gerade Kindern – aber auch mir – fallen manche Dinge leichter, wenn ich mich an einfache Regeln halten kann. Es ist erst 11 Uhr vormittags: Nein, ich kann jetzt noch nicht die Schokolade essen... (aber später!)
- **Festes Budget für bestimmte Kategorien**, z. B. Spaß, Weiterbildung, Kleidung etc.: Das kann hilfreich sein, wenn Sie für bestimmte Dinge gerne mal sehr viel ausgeben und danach wieder entsetzt Ihren Kontostand sichten. Wenn Sie also fixe Ausgabegrenzen festlegen, müssen Sie nicht immer wieder überlegen, ob dies und jenes diesen Monat noch drin ist, sondern Sie haben Ihr Budget im Blick und können sich daran orientieren. Wenn doch mal was Besonderes ansteht, können Sie hier beispielsweise die Monate miteinander verrechnen.
- **Zu bestimmten getroffenen Entscheidungen stehen**, z. B. auch „in schlechten Zeiten" zusammenzubleiben und nicht gleich das Handtuch zu werden (Treue, Zusammenhalt)
- **Jeden Tag X Minuten/Stunden für ein Thema einplanen**, z. B. ein bestimmtes Hobby, das Studium, eine bestimmte Aufgabe
- ...

Bei einigen Entscheidungsthemen, wie auch bei den beispielhaft skizzierten, sind diese Grundsatzentscheidungen teilweise auch mit Ihren grundsätzlichen Werten, Zielen oder Motiven verknüpft. Andere hingegen sind relativ unberührt davon, weil Sie Ihnen nicht so wichtig sind. Doch bei beiden können Sie durch Ihre Grundsatzentscheidungen Zeit und Energie sparen.

Welche Entscheidungen in *Ihrem* Leben wären durch einmalige Grundsatzentscheidungen vollständig abzuschaffen? Welche Entscheidungen könnten Sie durch eine Reduzierung der vorhandenen Optionen zumindest vereinfachen?

9.3 Trainingsimpulse

Wenn Sie sich selbst gute Fragen gestellt, das eigene Denken hinterfragt und einige Entscheidungen vereinfacht oder komplett abgeschafft haben, was bleibt dann noch? Sie können noch den allerletzten Schritt gehen, wenn Sie ein ganz hartnäckiger Fall sind – oder aber wenn Sie einfach Lust haben, neue Wege zu testen und Ihre eigenen Grenzen auszuloten.

Dazu können Sie konkrete Methoden, die Sie in diesem Buch kennengelernt haben, systematisch anwenden und in Ihren Entscheidungsalltag einbauen. Auch folgende Trainingsimpulse sind, wie ohnehin alles in diesem Buch, natürlich als Vorschlag oder Anregung zu verstehen, die Sie für sich selbst nach Belieben nutzen und anpassen können.

Zu fast jeder Verhaltensänderung gehört auch etwas Mut, es erst einmal zu versuchen, und der Wille, es durchzuziehen. Lang gepflegte Gewohnheiten und Normen machen es uns dabei nicht immer leicht, unsere Muster zu ändern. Aber bleiben Sie dran und beginnen Sie mit kleinen Schritten, wodurch Änderungen erfahrungsgemäß leichter umzusetzen sind (Clear, 2018). Nehmen Sie sich zum Beispiel für die kommenden sieben Tage vor, an jedem Tag mindestens eine Entscheidung nach einem bestimmten Prinzip zu treffen (vgl. Tab. 9.1). Wenn Sie es gemacht haben, haken Sie die Methode ab oder setzen ein „+" für gut gelaufen, ein „–" für nicht so gut oder eine „0" für neutral. Bedenken Sie aber, dass jede Methode

Tab. 9.1 Beispiel-Wochenplan für ein Entscheidungstraining

Tag	Entscheidung treffen per...	Gemacht
1	Zufall: Münze, Papierknäuel etc.	
2	Erste oder erstbeste Option nehmen	
3	Empfehlung eines Dritten	
4	Tetralemma	
5	Expertenrat folgen	
6	Eigene Werte überdenken und konform dazu entscheiden	
7	Liste oder Matrix erstellen, Pro & Contra abwägen	

auch abhängig vom Entscheidungsfall mal besser, mal schlechter geeignet ist. Von daher verwerfen Sie nicht eine mögliche Vorgehensweise, weil es in diesem einen Fall mal nicht zielführend war. Ganz im Gegenteil: Probieren Sie in dem einen Fall dann gerne eine andere Methode aus. Und die in dem Fall nicht zielführende Methode probieren Sie direkt beim nächsten Entscheidungsfall.

Dieser Mini-Stundenplan kann Ihnen vielleicht einen Einstieg in Ihr persönliches Entscheidungstraining geben. Bauen Sie danach gerne nach eigenem Anspruch Ihr Training aus und beschließen Sie beispielsweise, dass Sie an einem Tag alles, was geht, per Zufall entscheiden – oder alles, was geht, nach Bauchgefühl und nach Ihren Emotionen. Mit der Zeit werden Ihnen die Übungen leichter von der Hand gehen und automatisch für Sie als Lösungsidee auftauchen. Bleiben Sie offen für verschiedene Ansätze und lassen Sie diese Entscheidungsmöglichkeiten für sich zu.

Lehnen Sie alles ab!

Hier ein Beispiel für eine etwas spezielle Variante des Trainings, die Sie ebenfalls ausprobieren könnten: Lassen

Sie es einen Tag doch mal sein und sagen konsequent „Nein". Lehnen Sie das Probierkuchen-Angebot beim Bäcker ab; kaufen Sie nicht 2 zum Preis von 1; sagen Sie Ihren Freunden ab; gehen Sie nicht ins Kino, sehen Sie nicht den Film; lehnen Sie den Auftrag ab; lassen Sie die Projektanfrage sausen; beantworten Sie Ihre E-Mails mit „Nein"; ignorieren Sie Ihr Smartphone; melden Sie sich beim Festnetz mit „Nein" und so weiter. Ich wette, Sie werden es nicht ganz durchziehen können, weil Sie auf irgendetwas davon gewartet und Lust darauf haben. Oder weil Sie sonst vielleicht Ihren Job verlieren oder Ihre Freunde beleidigt sind. Aber einen Versuch wäre es bei einigen Anfragen durchaus wert. Wer vor allem dazu neigt, ständig zu allem und jedem „Ja" zu sagen, kann durch diese Übung mal erfahren, wie es sich anfühlt und was passiert, wenn man das Gegenteil tut. Und ganz nebenbei ist alles, was an diesem Tag zur Debatte steht, bereits von Vornherein entschieden: Und zwar mit einem ganz klaren „Nein", Sie werden es nämlich nicht machen.

Sagen Sie immer Ja!

Für die andere Fraktion, die mit einem Nein so gar keine Probleme hat, wäre die gegenteilige Übung vielleicht spannender: Stellen Sie sich vor, Sie würden einen ganzen Tag nur „Ja" zu allem sagen, wie es im Film *Der Ja-Sager* der Schauspieler Jim Carrey vormacht. Dann würden Sie auch dann „Ja" sagen, wenn Ihnen eigentlich gar nicht danach zumute ist. Sie würden noch einen Nachtisch nehmen, obwohl Sie ansonsten über Ihre Figur nachdächten; Sie würden die Zeitung an der Ecke kaufen; Sie würden mit Ihren Freunden zum Bowling gehen; Sie würden den Müll runterbringen; Sie würden noch heute das Angebot kaufen; Sie würden den Film ansehen; Sie würden den Urlaub buchen; ich weiß nicht, was Sie noch alles tun würden. Aber immer, wenn sich eine Entscheidungssituation böte, wo Sie es tun oder lassen könnten, wäre es Ihre Aufgabe, „Ja" zu sagen und es zu machen.

Ganz gleich, ob Sie eine Tendenz zum Ja- oder Nein-Sagen haben: Beide Übungen sind für jeden gleichermaßen interessant, weil es auch darum geht, dass man keine Zeit mit Grübeleien verschwendet, sondern von Vornherein immer zusagt oder ablehnt. Sie werden in einigen Situationen vielleicht lachen oder sich unbehaglich fühlen. Das gehört dazu. Das sind dann womöglich Situationen, wo Sie sich sonst nie trauen würden, das so zu beantworten. Entweder, weil Sie genau andersrum entschieden hätten oder niemals so schnell eine finale Entscheidung hätten treffen können. Mit beiden Übungen trainieren Sie gleichermaßen das konsequente Durchhalten, das Nicht-Denken und schlagen trotzdem proaktiv eine Richtung ein. Vielleicht werden Sie bei einigen Situationen auch merken, dass es gar nicht bedeutend war, ob Sie *Ja* oder *Nein* gesagt haben, aber dass es bedeutend war, dass Sie sich schnell entschieden haben und das Thema vom Tisch war. Wie viel Zeit wir sparen können, wenn wir gewissen Gewohnheiten folgen, die uns gut tun! Was genau davon Ihnen gut tut, müssen Sie ausprobieren. Wenn Sie durch ein Shoppingcenter geschleift werden und selbst gar nichts kaufen wollten, dann probieren Sie es doch mal mit dem Dauer-Nein. Sie ersparen sich so vielleicht Zeit, Stress, Geld und schlechte Laune. Oder wenn Sie mit Freunden oder Freundinnen unterwegs sind, die vor Vorschlägen nur so sprudeln, dann sagen Sie doch mal zu allem Ja. Dies wiederum könnte Ihnen völlig neue Erfahrungen bescheren.

Beide Varianten haben ihre Vorteile, können Sie entlasten und Ihnen neue Wege aufzeigen. Trainieren Sie die Fähigkeiten, die für Sie entscheidend sind und Ihnen Spaß machen, damit Sie Entscheidungen nicht mehr als anstrengend und nervig, sondern als alltäglichen Part im Leben auffassen. Und da können wir heute so und morgen so entscheiden – oder auch einiges grundsätzlich auf die gleiche Art und Weise. Ihr Leben, Ihre Entscheidung!

Fazit

Befragen Sie sich selbst bei konkreten Entscheidungsproblemen, die Ihre Zeit und Energie rauben, mit den aufgelisteten Fragen zur Selbstreflexion, worum es eigentlich geht oder wie Sie vorgehen könnten. Vielleicht finden Sie schon durch diese Form des Selbstcoachings einen neuen Ansatz, der Sie aus dem bisherigen Muster herausführen kann. Manchmal denken wir zu viel, manchmal sind wir Gefangene unserer Gefühle und manchmal agieren wir blindlings drauflos. Vielleicht hilft es Ihnen, hierbei mal die Ebene zu wechseln, wenn Sie merken, dass Sie eine Tendenz zu einer der Richtungen haben bzw. eine davon stark vernachlässigen. Weniger denken und mehr auf die eigenen Emotionen zu achten, die Körpersignale zu spüren und ins Handeln zu kommen, bietet oft einen Ausweg aus vielen Entscheidungssackgassen. Treffen Sie, wo möglich, Grundsatzentscheidungen und reduzieren Sie Ihre Optionen, um weniger entscheiden zu müssen oder schneller zu entscheiden. Letztlich steht und fällt alles mit der Bereitschaft zu üben und alternative Entscheidungsmuster auszuprobieren und Schritt für Schritt in den Alltag zu integrieren. Ich wünsche Ihnen entschieden viel Spaß dabei!

Literatur

Clear, J. (2018). *Atomic Habits*. Avery.

Hüther, G. (2017). Wie Embodiment neurobiologisch erklärt werden kann. In M. Storch, B. Cantieni, G. Hüther, & W. Tschacher (Hrsg.), *Embodiment: Die Wechselwirkung von*

Körper und Psyche verstehen und nutzen (3. Aufl., S. 73–97). Hogrefe.

Vandreier, M., Lauterbach, B., Warns, B., & von Hacht, M. (1996). Jein [Aufgenommen von Fettes Brot]. Auf *Außen Top Hits, innen Geschmack* [CD, LP], Alternation.

Entscheidender Dank

Ohne die Unterstützung einiger offener, geduldiger, kompetenter und liebevoller Menschen in meinem Umfeld wäre das hier nicht geworden, was es ist. Und alles, was vielleicht nicht ganz gelungen ist, liegt daran, dass ich mich in den Fällen stur wider besserer Ratschläge oder aus Gründen anders entschieden habe. Es gilt also einen Dank auszusprechen an diejenigen, die hier uneigennützig dieses Buchprojekt mitgetragen haben.

meinen

An erster Stelle danke ich Oliver für sein Verständnis (für so einiges), viele inspirierende Ideen (die ich hier gar nicht alle verarbeiten konnte) und die eine oder andere Lachsalve, die mir viel Leichtigkeit beim Schreiben gegeben hat.

Entscheidender Dank geht auch an Johanna, die durch fantastische Vorschläge zu allen Kapiteln versucht hat, das Leiden der Leserschaft zu minimieren und Klarheit herzustellen. Dein Feedback war mir ein Fest wie man so sagt!

© Der/die Herausgeber bzw. der/die Autor(en), exklusiv lizenziert durch Springer-Verlag GmbH, DE, ein Teil von Springer Nature 2021
C. Flaßbeck, *Easy entscheiden*,
https://doi.org/10.1007/978-3-662-63511-7

Julia danke ich von Herzen für das spontane Lesen des vollständigen Manuskripts! Dein feiner Blick hat den ein oder anderen Schnitzer noch ausgemerzt und Du mir ein sehr gutes Gefühl mit diesem Buch gegeben.

Danke auch allen, die in dieser Zeit an meiner Seite waren bzw. es generell sind, für die Unterstützung, den immer inspirierenden Austausch und die positive Energie! Von A wie Annabelle und Alina über D wie Debbie, G wie Gwen, H wie Hannah und Hansts, J wie Jimmy und Jule, M wie Moni und Moritz bis zu N wie Nils und allen anderen, die im Alphabet dazwischen oder dahinter stehen – und natürlich Marek sowie meinem Vater, die darüber stehen.

Ohne meine Coachees, Studierenden und alle, die ich in Trainings und Beratungen begleiten durfte, hätte ich mich wahrscheinlich nie so intensiv mit dem Thema beschäftigt. Die vielen Geschichten von Entscheidungsproblemen haben mich immer wieder berührt und mir Lust und Laune auf dieses Buch gemacht. Danke also auch Euch allen für Euer Vertrauen, die Diskussionen und das immer wieder offene Einlassen auf verschiedene Methoden.

Abschließend möchte ich auch dem Springer Verlag meinen Dank aussprechen, der mein Buch auf den Weg gebracht hat und mir unterstützend und konstruktiv zur Seite stand.

Die Entscheidung, dieses Buch zu lesen, war für Sie hoffentlich nicht ganz falsch. Aber falls doch, wissen Sie ja, dass es keinen Grund zur Reue gäbe und mindestens mich haben Sie mit dem Lesen des Buches erfreut. Doch ich hoffe, dass Sie aus dieser kleinen Lektüre, vor allem aber aus Ihren eigenen Gedanken und Ihrem folgenden Entscheidungsverhalten, einiges für sich mitnehmen konnten und sich trauen, einfach mal anders zu entscheiden als bisher.

Entscheidung gut, alles gut

Christine Flaßbeck

Printed in the United States
by Baker & Taylor Publisher Services